高齢者音楽療法プログラム

歌って元気、心とからだ

NPO 高齢者の音楽を考える会 著

DOREMI
MUSIC PUBLISHING CO., LTD.

歌って元気、心とからだ

「エーッ！音楽の時間のためにプログラムを作るんですか？」高齢者施設の若い職員さんのそんな一言からこの本作りが始まりました。

そうなんです。音楽の時間は懐かしい曲を聴いたり歌ったりするだけではないのです。目的に沿った**プログラム作り**と**記録**はとても大切なことです。

この音楽プログラムを導入したある高齢者施設では、音楽の時間の参加者が増えてきました。昔コーラスの指揮をしていた方が「歌の指揮をしたい」とか、仕事一筋だった方が「世の中にこんな楽しいことがあるなんて知らなかった」と好きな歌の楽譜を探してきたり、発表会を企画したり、週１回の音楽の時間に参加することが皆さんの**生きがい**となってきました。**生きがい**を持つと日常生活も前向きになっていきます。家で歌の練習をする方や、90歳でピアノの練習をはじめる方まで現れました。

高齢者施設の職員やボランティアの皆さん、家庭でお年寄りを介護している皆さん、**音楽の力**を引き出し、十分に活用してください。その一助として、是非この本を役立てください。この本は、

- **標準的な高齢者向け音楽プログラムが、簡単にできるよう工夫をしています。**
- **だれもが知っている歌で、椅子に座ったままできる体操を満載しています。**
- **季節ごとの行事や、移りゆく日本の風景を織りこんだ歌がたくさんあります。**
- **いろいろなリズムパターンで、容易に合奏を楽しむことができます。**
- **ゲーム感覚で、頭を使いながら楽しく歌える曲もたくさん載っています。**
- **巻末には、歌い出しの音と年代がはいった索引があり便利です。**
- **そのまま使える記録用紙付きです。**

高齢者の音楽を考える会の川田礼子・馬場尊子・石田圭子・庵原えい子が作成に当たりました。サポートしてくださいました杉原鉄夫さん、小嶋佳那さん、山内まりさん、KOKOの会の皆さん、ありがとうございました。

平成24年11月

特定非営利活動法人　高齢者の音楽を考える会

理事長 庵原 えい子

準備をしよう

はじめまして！
僕たち、高齢者施設で音楽の時間を担当することになりました！
職員
花音《かのん》ちゃん
職員
孝治《こうじ》くん
でも…
なにをすればよいのかな？
心配しないで！
高野先生！
私が詳しく説明しますから、しっかり聞いてくださいね！
高齢者音楽
アドバイザー
高野《たかの》先生

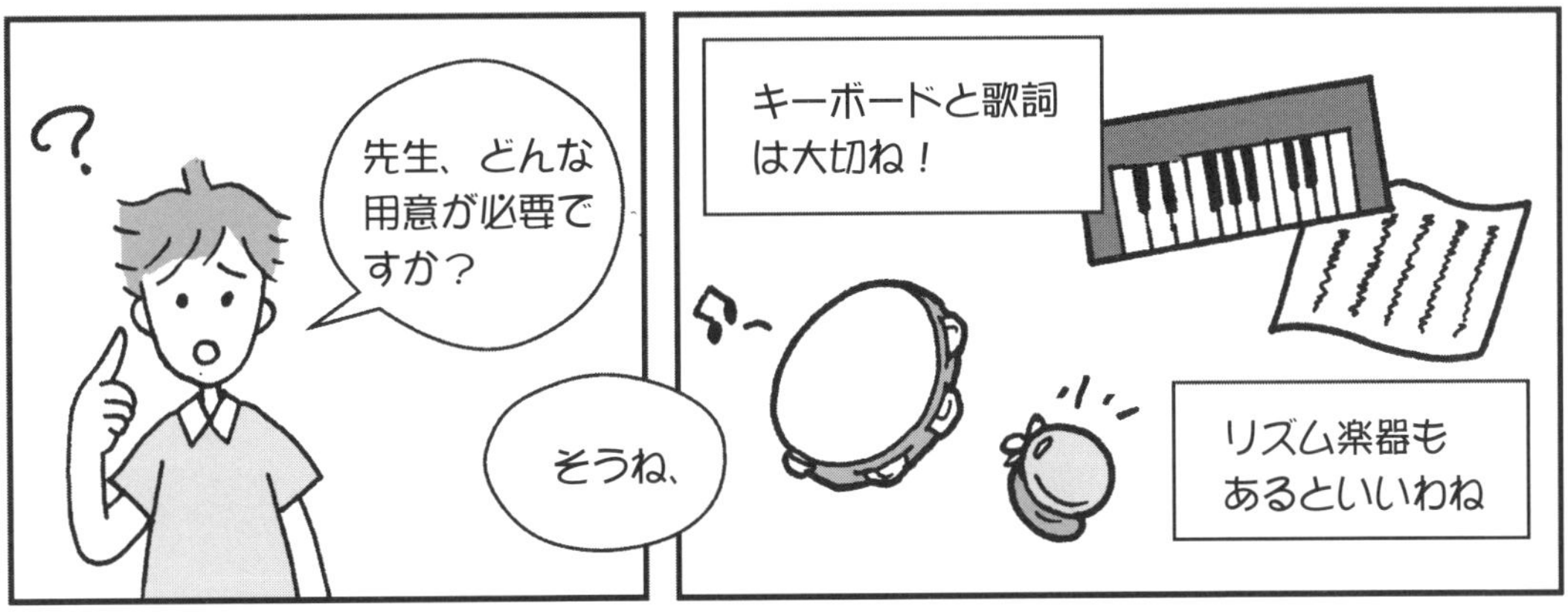

高野先生のアドバイス

- もぞう紙とプロジェクターは姿勢よく歌えますが、見にくい角度ができないように気をつけます
- 歌詞集は手元で見るのに便利です

キーボードをつかおう

誰かキーボードがひける人は？
はい、少しできます
では、さっそく…
ちょっと待って！
ホワイトボード
リーダー
キーボード
参加者
職員または
ボランティア
席は、このように半円形にするのがおすすめです

高野先生のアドバイス

伴奏するときは、
- 歌のメロディーを弾きます
- テンポは少しゆっくりにします
- 歌い出しの合図をはっきりします

リズム楽器をつかおう

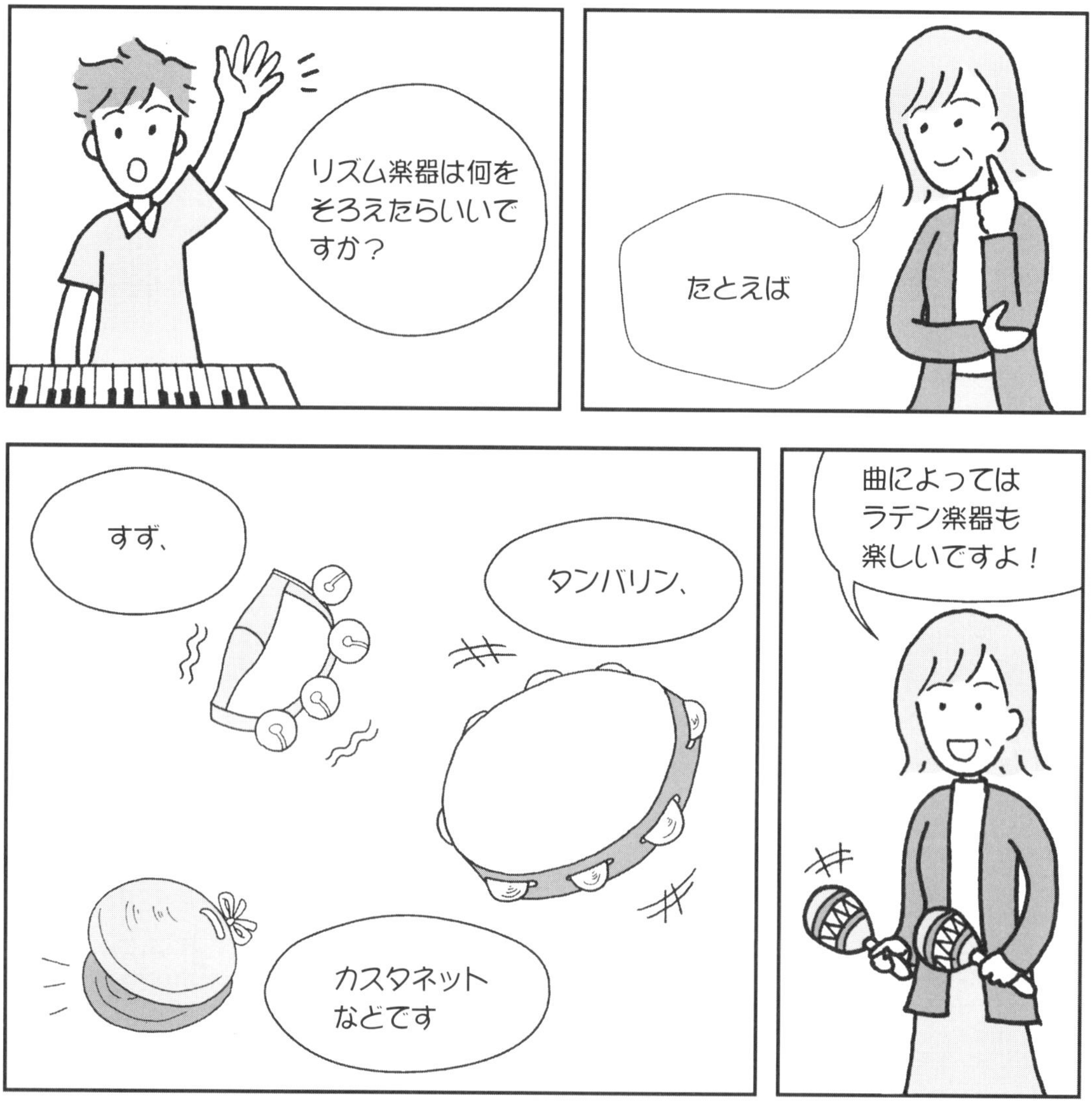

高野先生のアドバイス

楽器を用意するときのポイント
- 持ちやすい楽器を選びます
- 太鼓や鳴《なる》子《こ》などでも楽しめます

音楽プログラムをつくろう

※ 12 ページに PDCA の説明があります

音楽プログラムの作り方

この表は１時間の基本的な流れです。

	目的	内容	曲名（春の例）	所要時間
1 始まりの歌	始まりの認識	毎回、同じ曲にします。だれでも知っている曲を歌い、声を出しやすくします。	こんにちは	5分
2 歌で体操	運動 心肺機能の維持 誤嚥防止	歌にあわせて楽しく体操をします。 表情筋の運動をします。	仲良し小道 サッちゃん ひらいたひらいた	10分
3 四季の歌	季節の変化を楽しむ	花を飾ったり季節感を演出します。行事や習慣などの話を参加者から伺います。	どこかで春が 春の唄 花	10分
4 気分を変えて	脳の活性化 仲間意識を持つ 達成感	振り付けや替え歌など工夫して歌います。 合唱や輪唱を楽しみます。	アイアイ 上を向いて歩こう とんがり帽子	15分
5 いろいろな歌	満足感 回想 自発性	参加者の好みの歌をうたいます。 若い頃のお話を伺います。	青い山脈 ソーラン節 サンタ・ルチア	15分
6 終わりの歌	終わりの認識	毎回、同じ曲にします。だれでも知っている曲で静かに終わります。	ともだちのカノン	5分

下の表に当日の音楽プログラムを
つくりましょう！
この表の❶～❻は本文の❶～❻と対応しています
表の「❶始まりの歌」の曲名欄には、本文 18～21 ページの中から、目的や季節にあった曲を選び記入します
同じようにして表の❷～❻にも、本文から曲を選び記入しましょう
そうすると「音楽プログラム」ができあがりますよ

音楽プログラム

年　月　日　時　分～　時　分

場所　　参加人数　担当

	Plan		Do	Check	Action
	曲名	用意	実施	確認	改善
❶ 始まりの歌					
❷ 歌で体操					
❸ 四季の歌					
❹ 気分を変えて					
❺ いろいろな歌					
❻ 終わりの歌					

NPO KOKO 「歌って元気、心とからだ」

92 ページの表をご活用ください。

次は何かな？

音楽プログラムにおけるPDCA サイクル

11 ページの表はPDCA サイクルを基に記録しやすく作ってあります。

P (Plan)プログラムを作る

前回のAを考慮し、当日のプログラムを作ります。曲名、話す事柄、使うものなどを書きます。

(曲名・用意欄に記入)

D (Do)実際に行う

プログラムに基づいて実施します。しかし臨機応変に！　雰囲気や状況にあわせ、アドリブも必要となります。

(実施欄に記入)

C (Check)確かめる

適切に実施できたか、その結果を○△×などで書きます。

(確認欄に記入)

A (Action)改善する

次回に生かすよう、スタッフで話し合い、記録にします。×が続く箇所は、特に改善が必要です。

(改善欄に記入)

さいごに、大切なことを二つ言いますね
① ゆっくり大きな声で話しましょう
ゆっくり
大きな声で
そして、もう一つ大切なことがあります
② プログラムの進行ばかりを気にしないで
参加者の気持ちにそって臨機応変にすすめましょう
参加者の方に楽しんでもらえるよう、工夫しましょう！
わかりました！がんばります！

もくじ

準備をしよう…………………… 4
音楽プログラムをつくろう…… 9

1 始まりの歌

さいしょのうた ……… 18
あいさつの歌 ……… 20

2 歌で体操

ストレッチ ……… 24
足 ……… 26
腕 ……… 29
肩と首 ……… 34
腹筋・背筋と胸筋 ……… 37
全身 ……… 40
指 ……… 42
ボイストレーニング ……… 45

3 四季の歌

春 ……… 50
夏 ……… 52
秋 ……… 54
冬 ……… 56

4 気分を変えて

歌でレクリエーション ……… 60
楽器を使って ……… 68

5 いろいろな歌

人気のある歌 ……… 80
ご当地ソング ……… 82
外国の歌 ……… 84

6 終わりの歌

さいごのうた ……… 88
あいさつの歌 ……… 89

楽曲集

【あ】青い山脈 ……… 94
赤とんぼ ……… 95
憧《あこが》れのハワイ航路 ……… 96
あめふり ……… 98
うさぎ ……… 99
うさぎとかめ ……… 100
うさぎのダンス ……… 101
うみ ……… 102
栄冠《えいかん》は君に輝く ……… 103
おうま ……… 104
大きな栗の木の下で ……… 105
丘を越えて ……… 106
おつかいありさん ……… 107
おぼろ月夜 ……… 108
【か】かえるの合唱 ……… 109
案山子《かかし》 ……… 110
カチューシャ ……… 111
川の流れのように ……… 112
汽車ポッポ ……… 114
北国の春 ……… 115
北の宿から ……… 116
君恋し ……… 117
きらきら星 ……… 118
くつが鳴る ……… 119

荒城《こうじょう》の月 …… 120
ここに幸《さち》あり …… 121
ことりのうた …… 122
湖畔《こはん》の宿 …… 123
【さ】サザエさん …… 124
サンタ・ルチア …… 125
幸せなら手をたたこう …… 126
四季の歌 …… 127
しずかな湖畔《こはん》 …… 128
シャベルでホイ …… 129
知床旅情《しれとこりょじょう》 …… 130
人生劇場 …… 131
早《そう》春《しゅん》賦《ふ》 …… 132
蘇《そ》州《しゅう》夜《や》曲《きょく》 …… 133
ソーラン節 …… 134
【た】大こくさま …… 135
旅の夜風 …… 136
炭坑節《たんこうぶし》 …… 137
ちょうちょう …… 138
東京音頭《おんど》 …… 139
東京ラプソディ …… 140
トロイカ …… 141
とんがり帽子 …… 142
【な】夏の思い出 …… 143
夏は来《き》ぬ …… 144
七つの子 …… 145
野ばら …… 146
【は】花 …… 147
浜辺の歌 …… 149
バラが咲いた …… 150
琵琶《びわ》湖《こ》周航《しゅうこう》の歌 …… 152
ふじの山 …… 153
二人は若い …… 154
冬景色 …… 155
冬の夜《よ》 …… 156
故郷《ふるさと》 …… 157
ぶんぶんぶん …… 158
ほたるこい …… 159
【ま】みなと …… 160
港が見える丘 …… 161
めだかの学校 …… 162
紅葉《もみじ》 …… 163
森の水車 …… 164
【や】椰子《やし》の実 …… 165
山の音楽家 …… 166
有楽町《ゆうらくちょう》で逢《あ》いましょう …… 167
雪 …… 168
宵待草《よいまちぐさ》 …… 169
喜びの歌 …… 170
【ら】旅愁《りょしゅう》 …… 171
リンゴの唄 …… 172
【わ】別れのブルース …… 174
われは海の子 …… 175

音楽療法ってなに？ …… 22
音楽の不思議な力① …… 22
回想法 …… 48
音楽の不思議な力② …… 48
語呂あわせで「喜びの歌」を歌おう！ …… 58
西洋音楽ことはじめ …… 78
国民歌謡とラジオ歌謡 …… 86
音楽の不思議な力③ …… 86
楽しい工夫と小物 …… 90

索引（歌いだしの音と年代） …… 176

マークの見方

000（本マーク）　この本に楽譜があります（117曲）

（帽子マーク）　男性に人気のある歌です

始まりの歌

I

始まりの歌 I さいしょのうた

【ねらい】お天気や、身近なことを話し、やさしい歌からはじめます。発声練習にもなります。

春の歌

74 こいのぼり
鯉《こい》のぼり
雀《すずめ》の学校
背くらべ
41 チューリップ
138 ちょうちょう
26 仲《なか》良《よ》し小道
72 春が来た
春の小川
春よ来い
162 めだかの学校

夏の歌

98 あめふり
102 うみ
海
43 かたつむり
かもめの水兵さん
金魚のひるね
25 シャボン玉
70 たなばたさま
てるてる坊《ぼう》主《ず》
159 ほたるこい

秋の歌

99 うさぎ

105 大きな栗の木の下で

110 案山子《かかし》

40 つき

31 どんぐりころころ

虫のこえ

夕焼け小焼け

冬の歌

一月一日

うぐいす

お正月

日の丸の旗《はた》

168 雪

いつでも

100 うさぎとかめ

104 おうま

109 かえるの合唱

34 肩たたき

119 くつが鳴る

37 ぞうさん

電車ごっこ

145 七つの子

41 鳩《はと》

157 故郷《ふるさと》

38 メリーさんのひつじ

赤い靴《くつ》

はじめにいつも
同じ曲を歌うと
あ！　はじまるな～
と思いますよ

始まりの歌 1 あいさつの歌

こんにちは

KOKO 作詞／ドイツ民謡

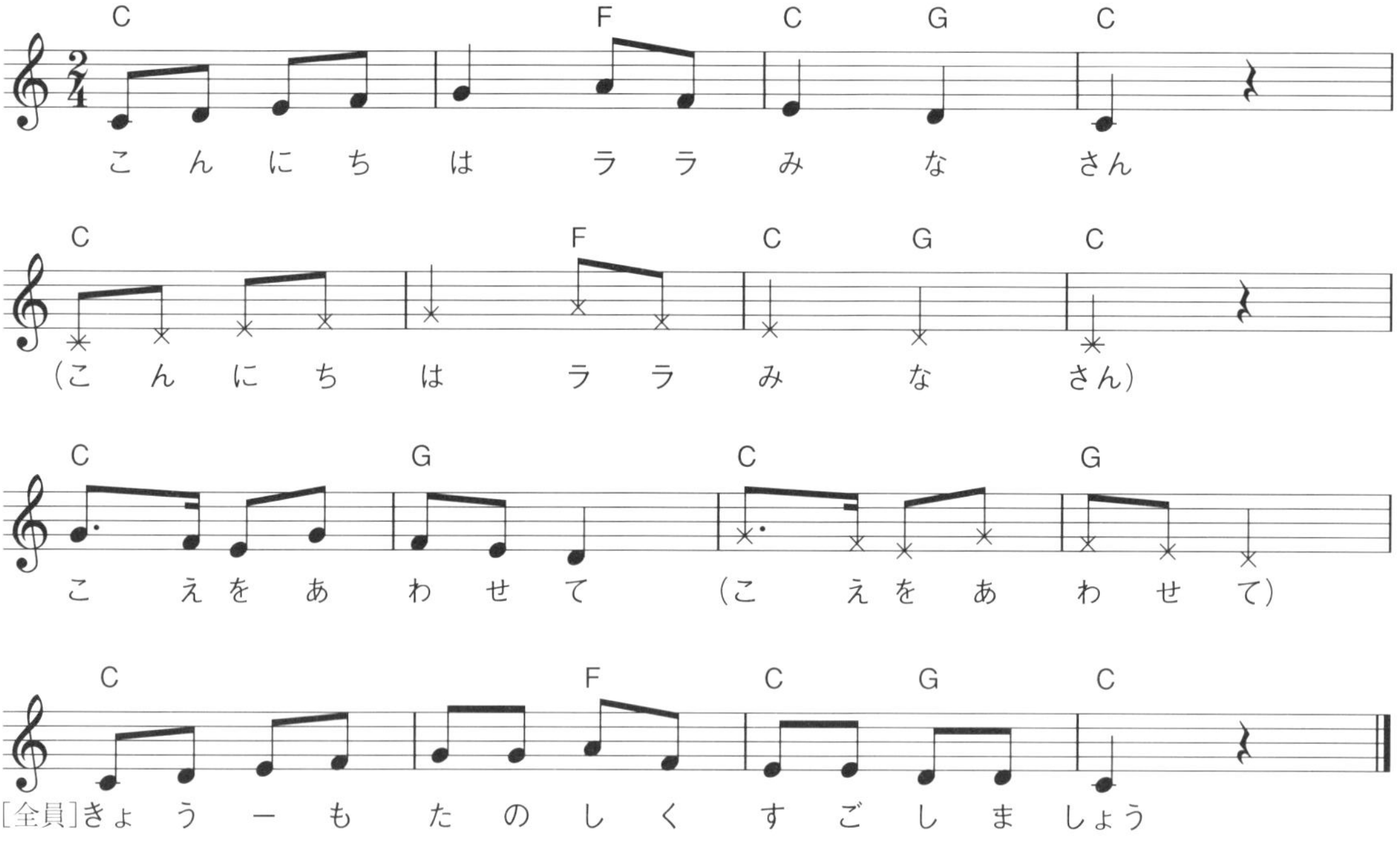

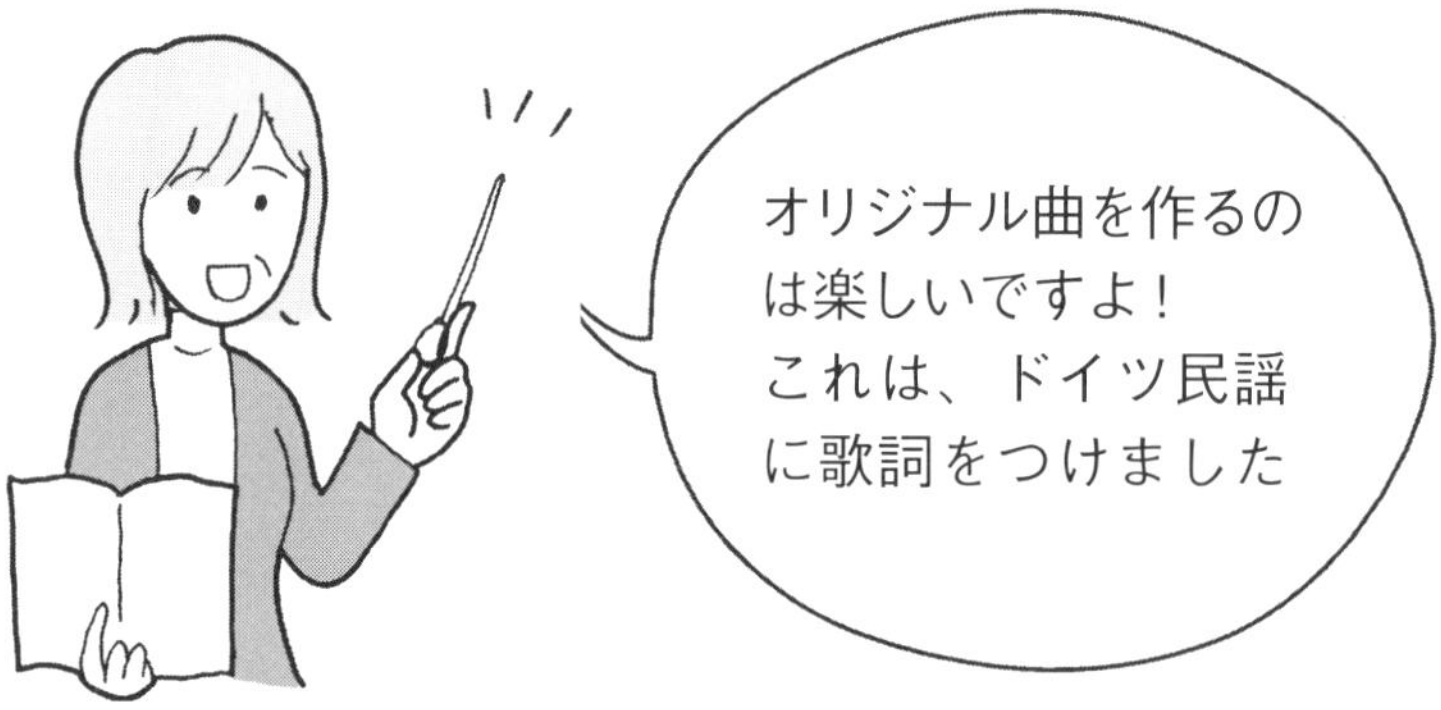

参考曲：夜が明けた

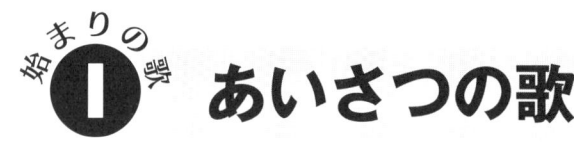

1から順番に歌い出し、5小節目まで全員がのばします。
5小節目で、美しいハーモニーができます。

ハローハロー

中 明子 作詞／アメリカ曲

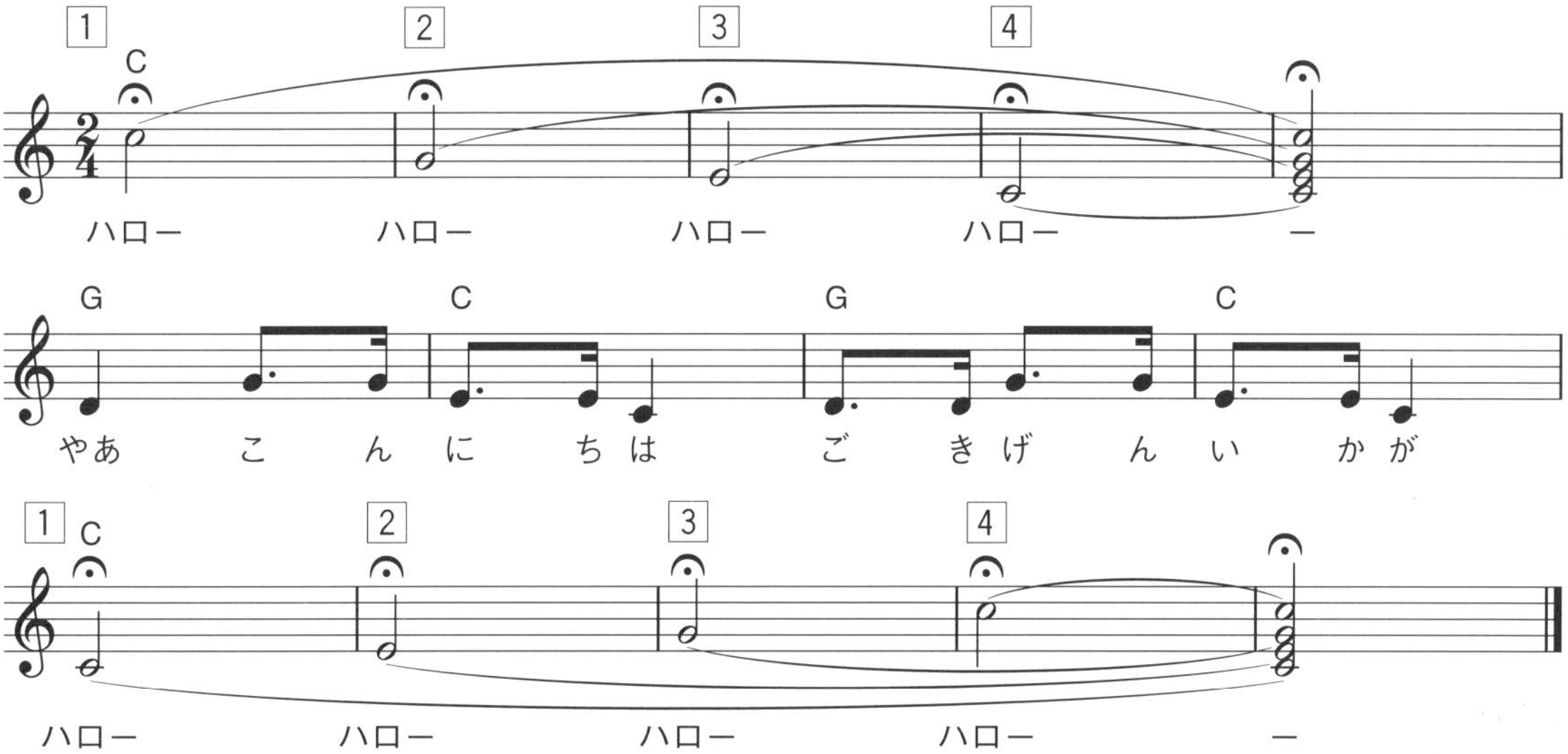

音楽療法ってなに？

日本音楽療法学会の定義によると「音楽のもつ生理的、心理的、社会的働きを用いて、心身の障害の回復、機能の維持改善、生活の質の向上、行動の変容などに向けて、音楽を意図的、計画的に使用すること」とあります。

この本に当てはまるように言い換えると「音楽を用いて高齢者の心と体にはたらきかけ、身体の活性化と心の安定を得る」といったところでしょうか。

KOKO の会の活動は、高齢者音楽アドバイザーがグループに合わせた音楽プログラムを組み、支援を行うのが特徴です。

音楽の不思議な力①　私たちの体験談

若い頃、合唱団を立ち上げて指揮をしていた方のお話です。
80 歳を過ぎ、気力体力とも弱り、デイケアは休みがちでした。
施設が音楽の時間を始めたところ、ほとんど休まなくなり、自分から指揮をしてくださるようになりました。普段は杖をついて歩かれますが、指揮のときはしっかり立つことができます。

そして、40 年ぶりに合唱団を再結成。定期演奏会を開くまでになりました。

このことが、新聞の記事になりました。

〔2008 年 8 月 24 日 朝日新聞掲載〕

歌で体操 2

歌で体操 2 ストレッチ

【ねらい】全身の筋肉をほぐし、血行を良くします。

たこのうた

文部省唱歌

くり返します！

手はまっすぐ上に、背筋をのばして

たこたこ　あがれ　かぜよく　うけて

参考曲：かもめの水兵さん／花火

シャボン玉

野口 雨情 作詞／中山 晋平 作曲

シャボンだま

とんだ

やねまで

とんだ

参考曲：153 ふじの山／40 つき／46 ひらいたひらいた

歌で体操 2 足

【ねらい】脚力の維持に役立ちます。つま先の運動は、転倒防止に役立ちます。
かかとを上下させると、静脈瘤の防止になります。

仲《なか》よし小道

三苫 やすし 作詞／河村 光陽 作曲

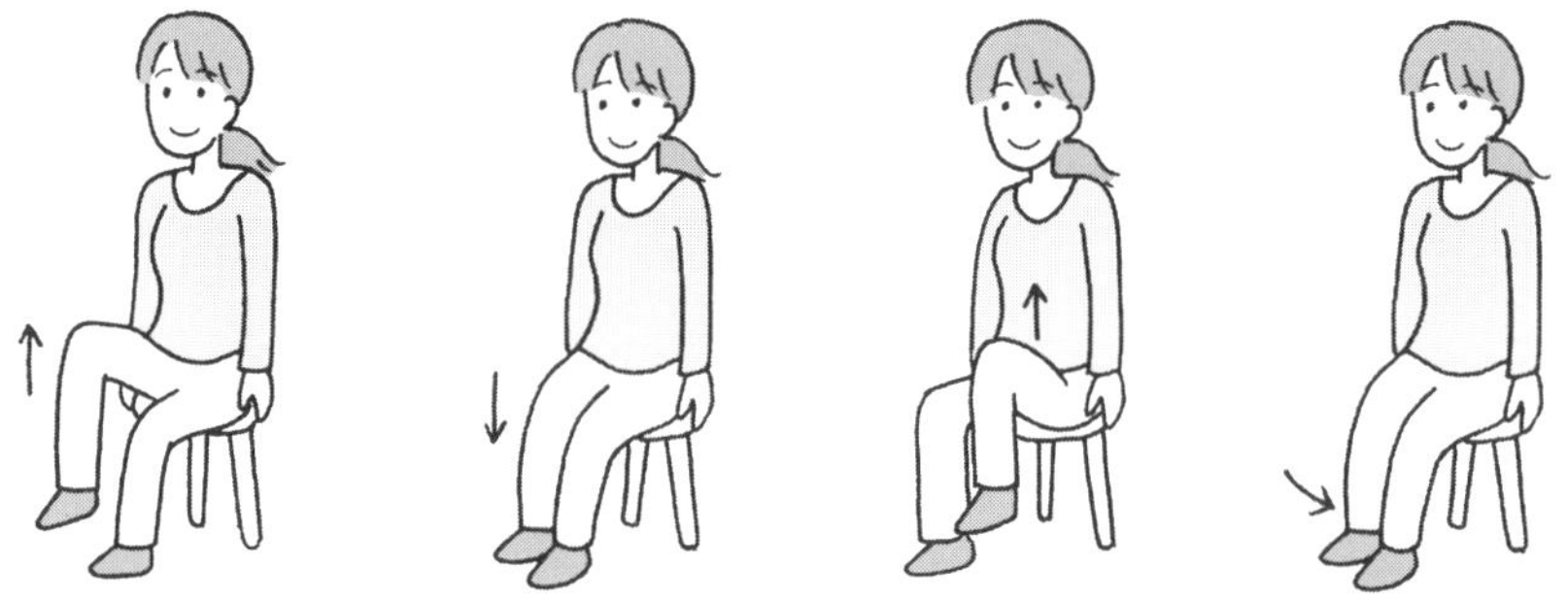

上げることを意識して

なか　　よし　　こみ　　ちは

Am
なかよしこみちはどこのみち
Dm Am E Am
いーつもがっこうへみよちゃんと
Dm Am
ランドセルしょってーげんきよく
Dm E Am
おうたをうたってかようみち

参考曲：119 くつが鳴る／赤い靴／さんぽ

おもちゃのマーチ

海野 厚 作詞／小田島 樹人 作曲

やっ　とこ　やっ　とこ

足首は
直角に曲げて

C
やっ と こ やっ と こ く り だ し た
C
お も ちゃ の マ ー チ が ラッ タッ タ
C
にん ぎょう の へい た い せ い ぞ ろ い
C F G C
お う ま も わ ん わ も ラッ タッ タ

参考曲：99 うさぎ／101 うさぎのダンス

赤い鳥小鳥

北原 白秋 作詞／成田 為三 作曲

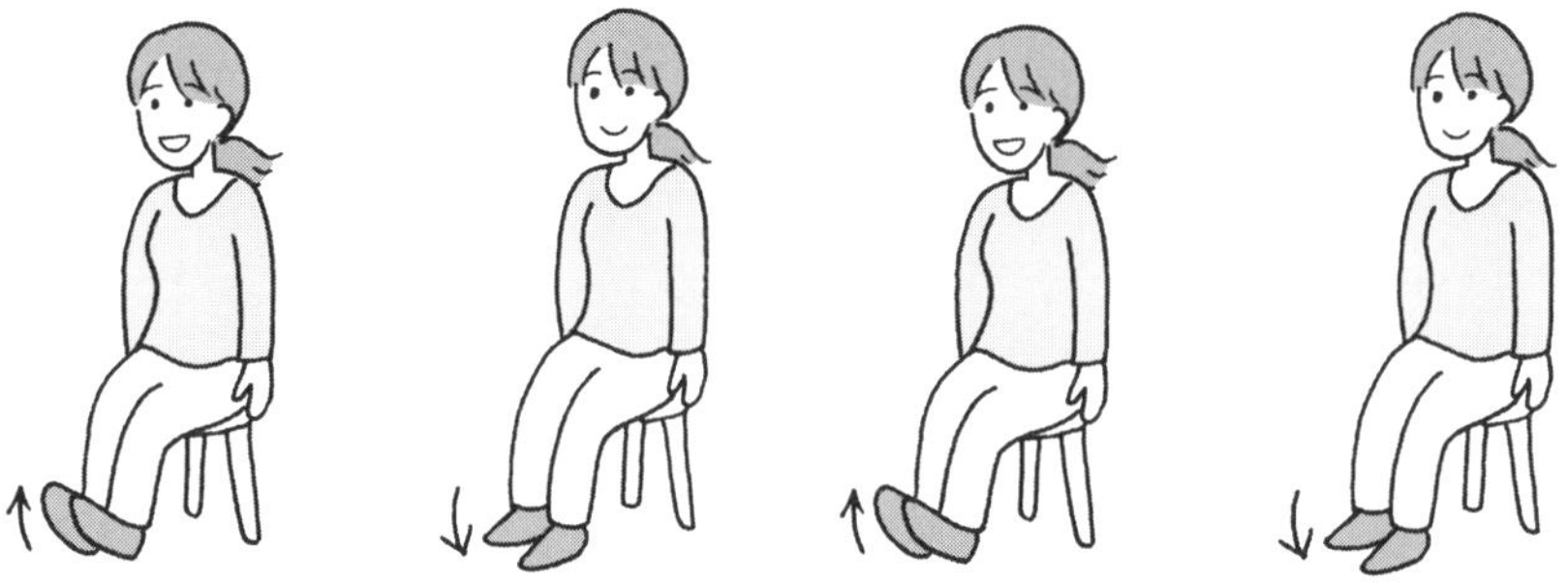

あかい　とり　こと　り

かかと上げも
しましょう
（すねの運動）

参考曲：104 おうま／おお牧《まき》場《ば》はみどり／124 サザエさん／花嫁人形

歌で体操 2 腕

【ねらい】腕の筋力をつけます。二の腕の引きしめに役立ちます。

夕日

葛原 しげる 作詞／室崎 琴月 作曲

ひじを
のばして
ぎん
ぎん
ぎら
ぎら

C G
ぎん ぎん ぎ ら ぎ ら ゆう ひ が し ず む
F C G C
ぎん ぎん ぎ ら ぎ ら ひ が し ず む
C F C
ま っ か っ か っ か そ ら の く も
C F C
みん な の お か お も まっ か ーっ か
F C G C
ぎん ぎん ぎ ら ぎ ら ひ が し ず む

参考曲：118 きらきら星／グッドバイ

牛若丸

文部省唱歌

ひじを肩の高さまで上げて

きょー　うの　ごじょ　うの

参考曲：41 鳩／107 おつかいありさん

どんぐりころころ

青木 存義 作詞／梁田 貞 作曲

逆まわしも

どん　ぐり　ころ　ころ

C G C F C
どん ぐり ころ ころ ドン ブリ コ おいけに はまって さぁ たいへん
C G C F G C
どじょうが でて きて こん にちは ぼっちゃんいっ しょに あそび ましょう

参考曲：158 ぶんぶんぶん／とけいのうた

船頭《せんどう》さん

武内 俊子 作詞／河村 光陽 作曲

むー　　らの　　わた　　しの

後ろに
しっかり
腕を引いて

参考曲：134 ソーラン節／40 金太郎／桃太郎

汽車

作詞者不詳／大和田 愛羅 作曲

いーまは

やまなか

車輪のように
腕を回転させて
反対回しも

参考曲：114 汽車ポッポ／43 かたつむり

歌で体操 2 肩と首

【ねらい】肩や首のこりを改善します。

肩たたき

西條 八十 作詞／中山 晋平 作曲

母さんお肩を
たたきましょう

タントンタントン
タントントン

C G C F
かあ さん お か た を た た き ま しょう タン トン タン トン
C
タン トン トン かあ さん し ら が が あ り ま す ね
F C G C G
タン トン タン トン タン トン トン おー えん が わ に は ひ がいっ
C F C G C
ぱい タン トン タン トン タン トン トン まっ か な け し が
G C F C
わらっ て る タン トン タン トン タン トン トン かあ さん
C F C G C
そ ん な に い い き も ち タン トン タン トン タン トン トン

参考曲：40 金太郎／135 大こくさま

サッちゃん

阪田 寛夫 作詞／大中 恩 作曲

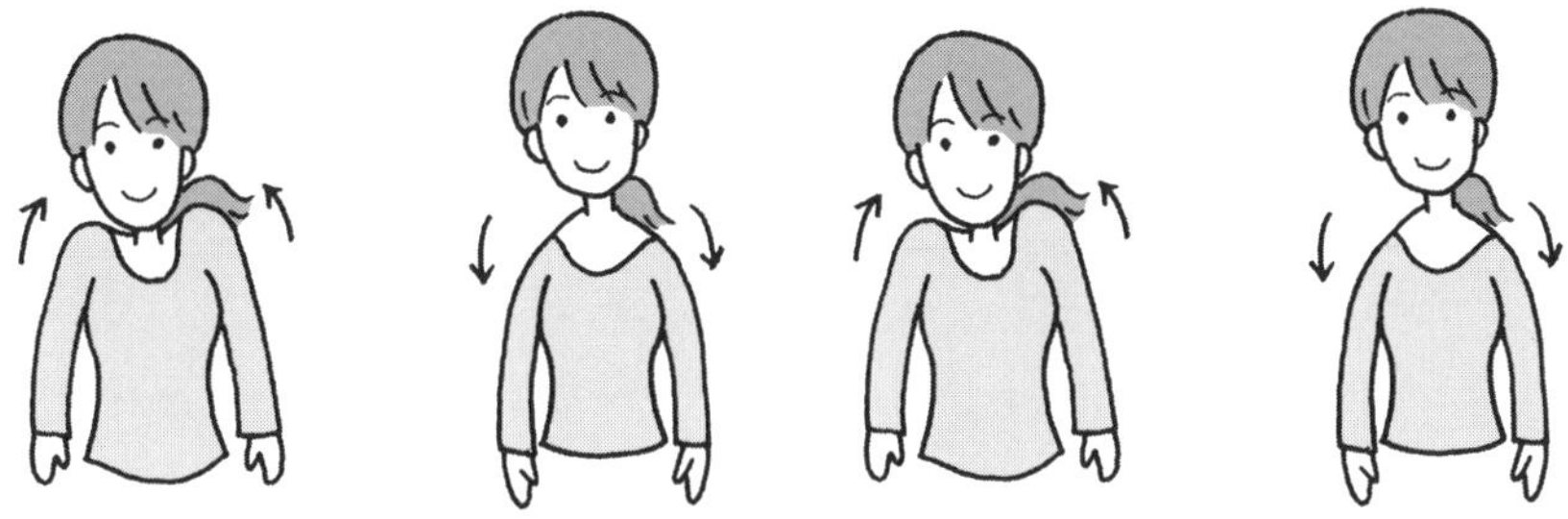

肩を落とした時に力を抜いて

サッちゃんは　ね　サチコって　いうんだ

参考曲：129 シャベルでホイ／43 かたつむり

かごめかごめ

わらべうた

無理せず
ゆっくりと

かごめかごめ　　かごのなかのとりは

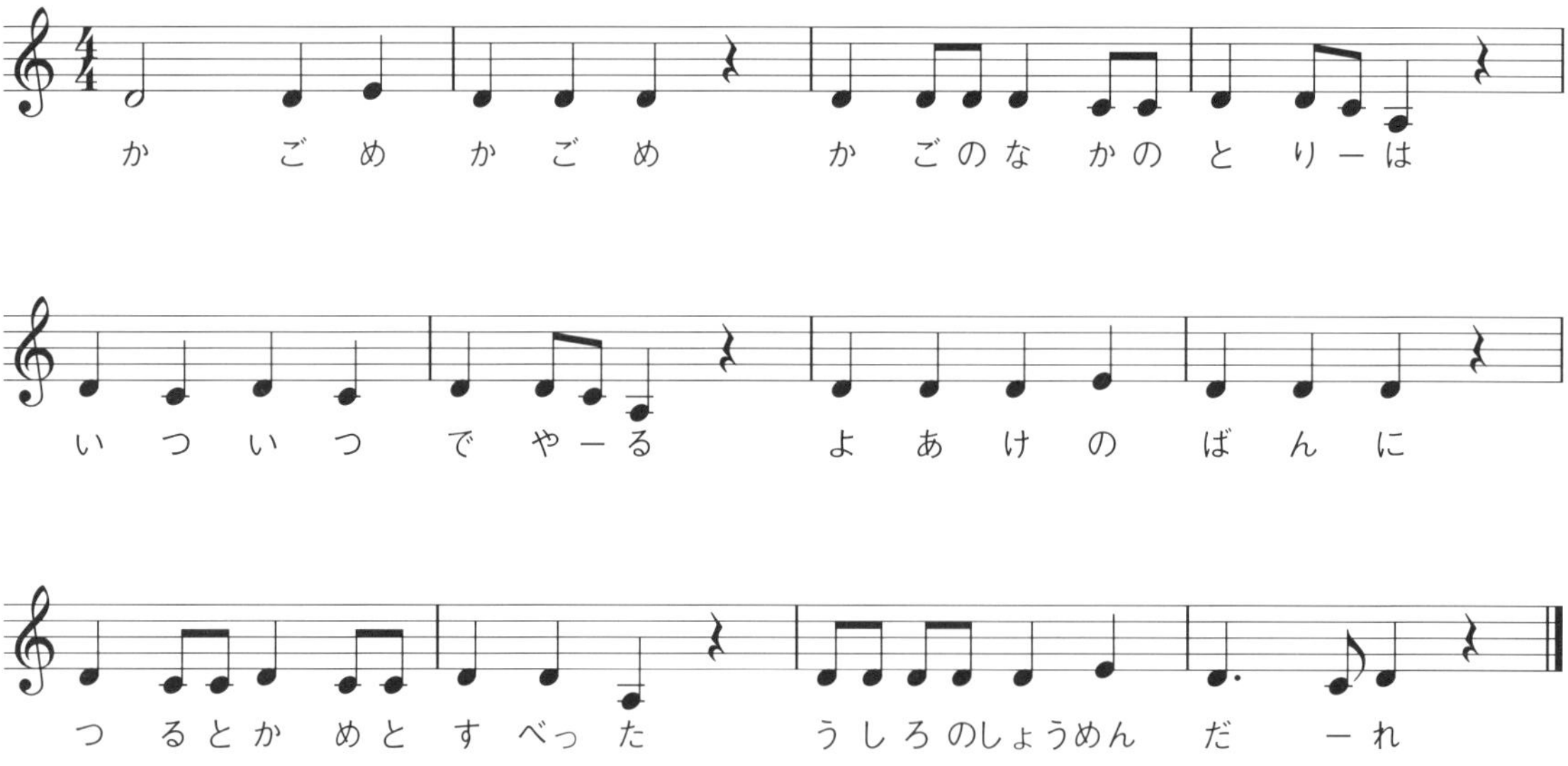
か ご め か ご め か ご の な か の と り ー は
い つ い つ で や ー る よ あ け の ば ん に
つ る と か め と す べっ た う し ろ のしょうめん だ ー れ

参考曲：41 黄金虫《こがねむし》／169 宵待草《よいまちぐさ》／31 どんぐりころころ

歌で体操 **2**

腹筋・背筋と胸筋

【ねらい】腰痛予防に役立ちます。背すじをのばすと若々しくみえます。

椅子をしっかりと
つかみましょう！

ぞうさん

まど・みちお 作詞／團 伊玖磨 作曲

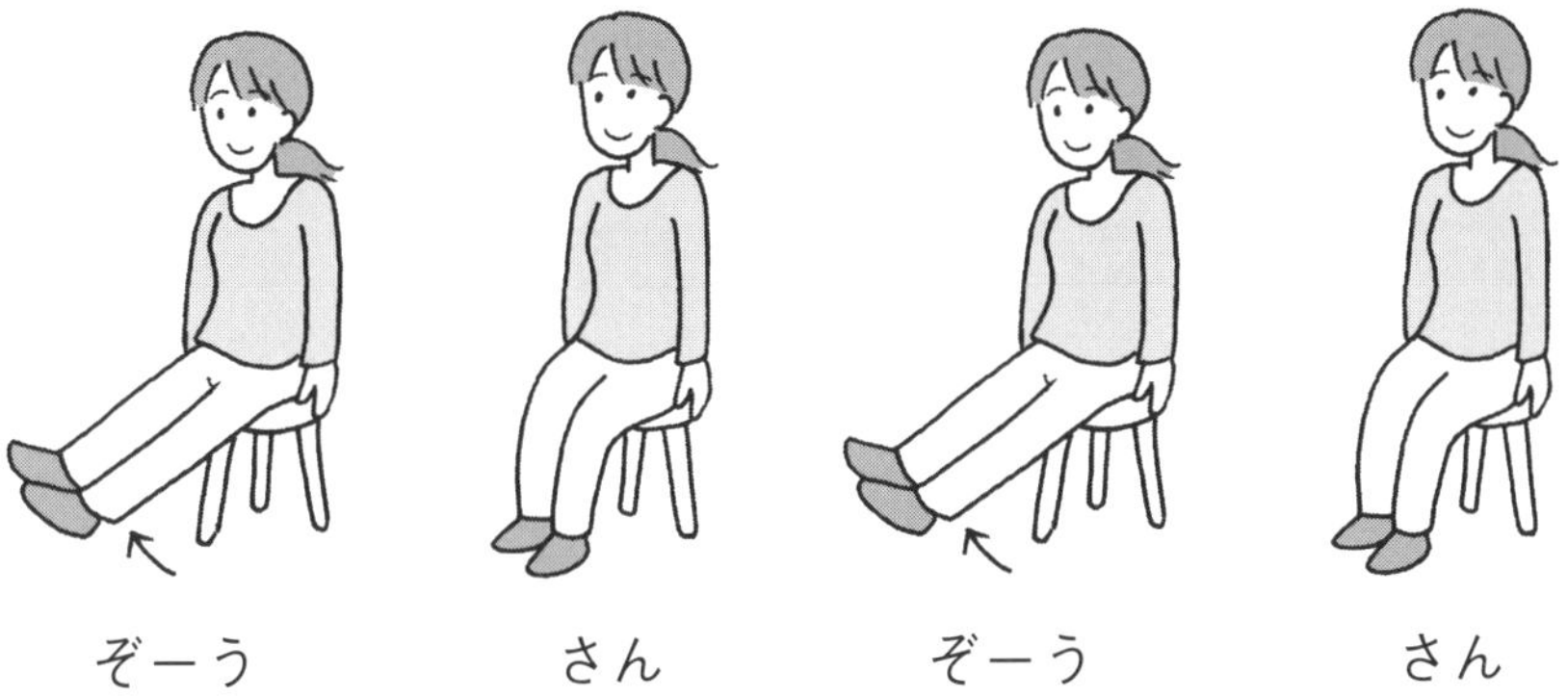
ぞーう
さん
ぞーう
さん

足の角度は
45度
くらいに

C G
ぞ うさん ぞ うさん お はなが ながいのね
C F C G C
そ うよ かあさんも な がいの よ

参考曲：160 みなと／102 うみ／41 チューリップ

メリーさんのひつじ

高田 三九三 訳詞／アメリカ曲

メリーさんのひつじ　メエメエひつじ　メリーさんのひつじ　まっしろね

体をしっかり起こして

C
G
C
メ リーさん の ひ つ じ メ エ メエ ひ つ じ
C
G
C
メ リーさん の ひ つ じ ま っ し ろ ね

参考曲：107 おつかいありさん／100 うさぎとかめ

村祭

文部省唱歌

むらの　ちんじゅの　かみさま　の

C G
む ら の ち ん じゅ の か み さ ま の
G C
きょ う は め で た い お ま つ り び
C
ドン ドン ヒャラ ラ ドン ヒャラ ラ ドン ドン ヒャラ ラ ドン ヒャラ ラ
C G C G C
あ さ か ら き こ え る ふ え た い こ

参考曲：どじょっこふなっこ／135大こくさま

歌で体操 2 全身

誰もが知っている歌に合わせて、全身の体操ができるようにメドレーを作りました。

①つき

まずは
ストレッチ
から！
でたでた
つきが
まーるいまーるい
まんまるい

②金太郎

まさ
かり
上げる
ことを意識
してね
かつ
いで

③鳩

ひじは
肩の高さ
だよ！
ぽっぽっ
ぽ
はとぽっ
ぽ

④黄金虫

ゆっくりと
回そう
こがねむしは
かねもちだ
かねぐらたてた
くらたてた

⑤チューリップ

足の角度は
45度で
キープ！
さい
た
さい
た …

両手を
大一きく
広げてね

※（どのはなみてもきれいだな）

チューリップの
最後は深呼吸に
しましょう

体操メドレー

つき
C G C C
でたでた
C G
つきが
まーるいまーるいまんまるい
金太郎
C G C C
ぼーんのような
つきが
まさかりかついで

G C
きんたろう くーまにまたがり おうまの
C G C
けいこ ハィ シドゥドゥ ハィドゥドゥ ハィ シドゥドゥ ハィドゥドゥ
鳩
C G C
ぽっ ぽっ ぽ はとぽっ ぽ まめが ほしいか
C F G7 C
そらやるぞ みんなで なかよく たべにこい
黄金虫
Cm Fm Cm Fm
こがねむしは かねもちだ かねぐらたてた くらたてた あめやで
チューリップ
Cm G Cm C
みずあめー かってきーた さいた さいた
C G C
チューリップの はなが ならんだ ならんだ あかしろ
G C F C G C
きいろ （どのはな みても きれいだな）
※深呼吸

歌で体操 ❷ 指

【ねらい】手は第2の脳と言われています。指を動かすことで脳が刺激され、活性化します。また、指先の動きは言語・思考中枢を刺激します。

浦島太郎

文部省唱歌

グー、パー、グー、パー、グー、チョキ、パー　を繰り返します。

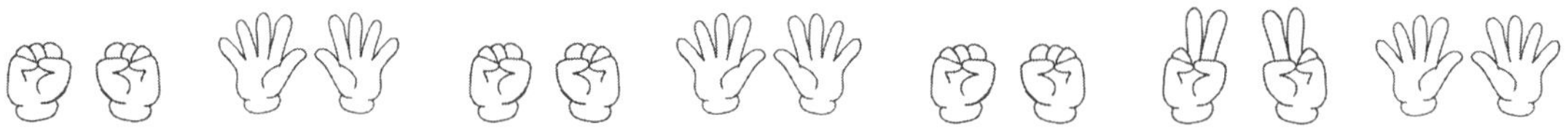

むか	し	むか	し	うら	しま	は
(グー)	(パー)	(グー)	(パー)	(グー)	(チョキ)	(パー)

C G C G
むかし むかし うらしまは
C F C
たすけた かめに つれられて
C G
りゅうぐうじょうへ きてみれば
C F C G C
えーにも かけない うつくしさ

参考曲：168 雪／40 金太郎／159 ほたるこい

一 二の三

わらべうた

一 二の 三　二の 四の 五　三 一 二の 四の　二の 四の 五…と、歌いながら指で数字をあらわします。

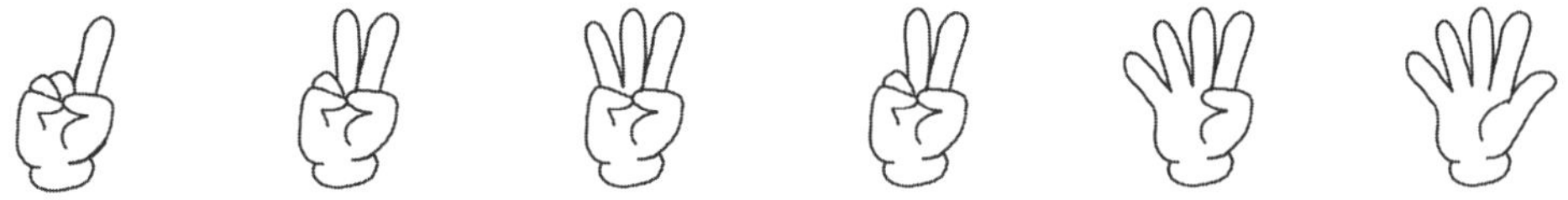

いち　にの　さん　にの　しの　ご

い ちに のさん に のし のご さ んい ちに のし の に のし のご

かたつむり

文部省唱歌

指をかたつむりの形に見立てます。交互に指の形を変えます。

左手チョキの上に
右手グーをのせます

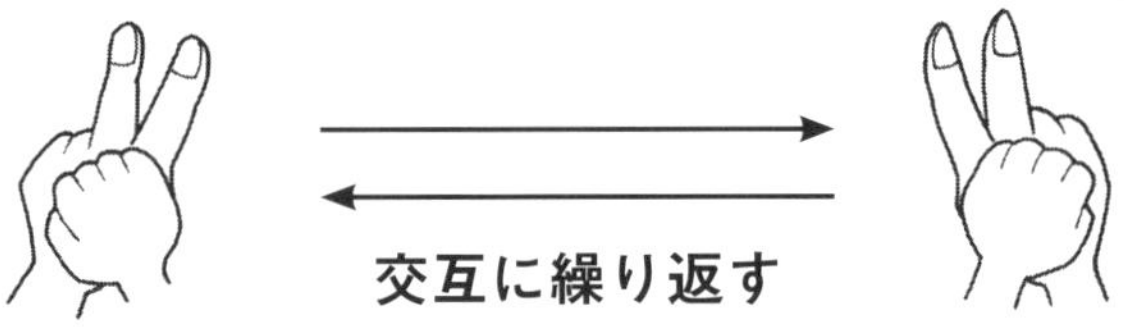
交互に繰り返す

でんでんむしむし　かたつむり

C
G
で んで ん む しむ し か たつ む り
C
G
C
お まえ の あ たま は ど こに あ る
C
G
C
つ の だ せ や り だ せ あ た ま だ せ

こどもとこどもがけんかして

わらべうた

両手の指先でドーム型を作り、小指から順番に指先をトントンとあてます。

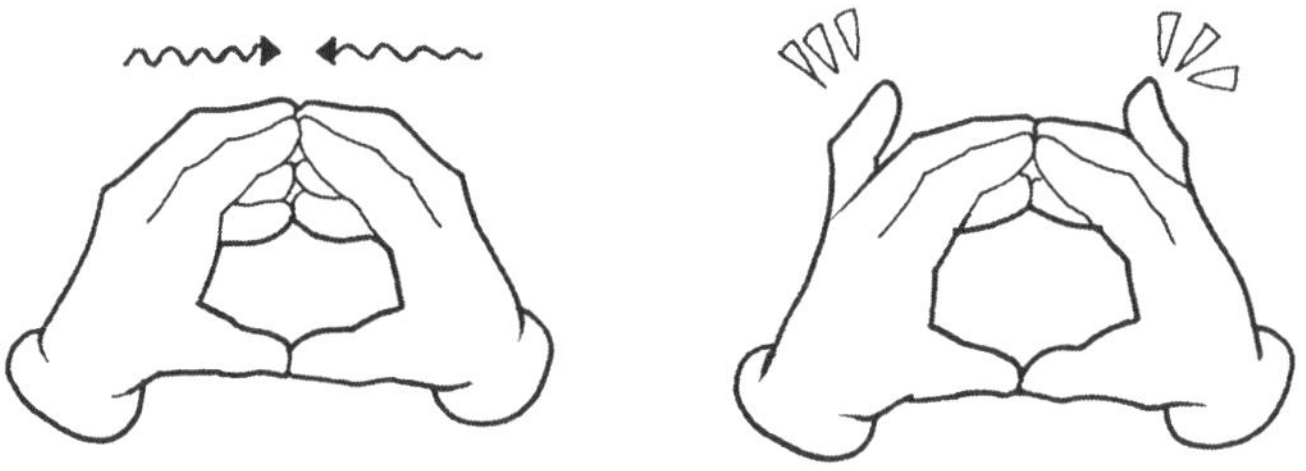

指と指をしっかり合わせましょう！

こどもとこどもがけんかして

こ ど も と こ ど も が け ん か し て
(小指)
く す り や さ ん が と め た け ど
(薬指)
な か な か な か な か と ま ら な い
(中指)
ひ と た ちゃ わ ら う
(人さし指)
お や た ちゃ お こ る プー ン
(親指)
(はじけるように)

歌で体操 2 ボイストレーニング

【ねらい】全身の血液循環がよくなります。
唾液の分泌を促《うなが》し誤嚥《ごえん》防止に役立ちます。
表情筋が鍛《きた》えられます。

ボイストレーニングは良い声を出すためだけではなく、健康にも役立ちます
ここでは、腹筋をきたえる腹式呼吸、口の周りの筋肉や舌をきたえるパタカラ体操（47 ページ）をやってみましょう

腹式呼吸の方法

ポイント！

① 下腹（おへその辺り）に手をあてます。
② 体の中の息をすっかり吐き出します。
③ おなかをふくらませるよう、鼻から息を吸います。
（手で下腹がふくらむことを確認します）
④ ゆっくりと口から息を吐きます。
（お腹が引っ込んでいきます）
＊長く「アー」「イー」「ウー」と声を出してもよいです。

＜腹筋が動くことを確かめましょう＞

「ハッハッハッ」と笑うとおへそのまわりが動きます。
「ハッハッハッ」の発声で３・３・７拍子をします。

表情筋のトレーニング

「あ」

口を大きく開け
ほほを上げる。

「い」

口を横にしっかりひいて
ほほを引き上げる。

「う」

しっかり口をすぼめ
唇を前につきだす。

ひらいたひらいた

わらべうた

＜歌いながらやってみましょう＞

ひらいた　ひらいた**ア**――――――――とアを長くのばします

ひ　らい　た　ひ　らい　たア――― な　ん の は　な が　ひ　らい　たア―――
れん　げ の は　な が　ひ　らい　たア――― ひ　らい　た　と　お もっ　た　ら
い　つ の ま　に か　つ　ー　ー　ぼ　ん　だア――――

122 「ことりのうた」

ことりはとっても　歌がすき**イ**――――――

かあさんよぶのも　歌でよぶ**ウ**――――――と長くのばします

参考曲： 25 シャボン玉／72 春が来た／41 黄金虫《こがねむし》

パタカラ体操

歌詞を「パ」「タ」「カ」「ラ」に置き換えて歌いましょう。順番は自由です。

タ
ラ
パ
カ

はなさかじじい

石原 和三郎 作詞／田村 虎蔵 作曲

C G C
う ら の は た け で ポ チ が な く
[例] パ パ パ パ パ パ パ パ パ パ パ パ
C G C
しょう じ き じ い さ ん ほ っ た れ ば
タ タ タ タ タ タ タ タ タ タ タ タ
C G
お お ば ん こ ば ー ん が
カ カ カ カ カ カ カ カ カ
C G C F C
ザ ク ザ ク ザ ク ザ ク
ラ ラ ラ ラ ラ ラ ラ ラ

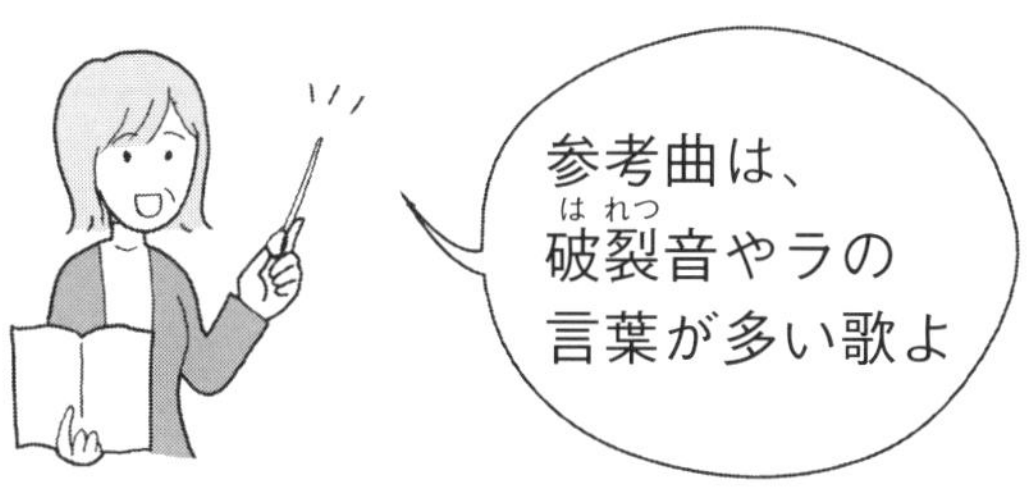

参考曲は、
破裂《はれつ》音やラの
言葉が多い歌よ

参考曲：27 おもちゃのマーチ／109 かえるの合唱／クラリネットをこわしちゃった
101 うさぎのダンス／森へ行きましょう／一週間／うちの女房《にょうぼう》にゃ髭《ひげ》がある

回想法

子供の頃や旅行のときの懐かしい写真を見ながら、家族と思い出を話したり、旅をした場所に心が飛んだり、そんな楽しい経験はだれにでもあるでしょう。これがまさに回想法の原点です。懐かしい歌をうたい、聴き、人生を思い起こす。心地よく楽しい瞬間です。音楽は心に直接働きかけることができます。

音楽の不思議な力を使い、心の活性化をはかることは回想法の一つです。

音楽の不思議な力②　私達の体験談

音楽ファンの元エンジニアのお話です。

パーキンソン病で、歩行器がないと歩くことも困難です。

お箸もペンもお持ちになれないそうです。

デイケアの音楽の時間に、キーボードをお勧めしたところ、

「今まで弾いたことない」

と言いながらもコンサートを目標に自発的に練習に取り組まれ、めきめきと上達されました。

コンサートでは、たくさんの拍手がありました。

3 四季の歌

四季の歌 3 春

長い冬を越え、美しい花をつける桜。花々の間を飛び回る虫たち。
学生にとっては卒業や入学の季節です。

3月

3日　ひな祭り
20日頃　春分の日（彼岸）

4月

29日　昭和の日
（昭和天皇誕生日）

5月

2日頃　八十八夜
3日　憲法記念日
4日　みどりの日
5日　こどもの日
第2日曜　母の日

＜キーワード＞

卒業　入学　節句　花見　新茶

＜花＞

桃　桜　チューリップ　バラ
すみれ　つつじ　花水木　沈丁《ちんちょう》花《げ》

＜物＞

国旗　通学かばん　卒業証書
ひな人形　こいのぼり

春よ来い
132 早春《そうしゅん》賦《ふ》
どこかで春が
うれしいひなまつり
カチューシャの唄
72 春が来た
春の小川
108 おぼろ月夜
花かげ
花の街
祇園《ぎおん》小唄
94 青い山脈
106 丘を越えて
青い背広で
一杯のコーヒーから
美しき天然
おお牧場はみどり
霞《かすみ》か雲か
111 カチューシャ
勘太郎《かんたろう》月夜《つきよ》唄《うた》
きらめく星座
子鹿のバンビ
月の沙漠
東京行進曲
東京の花売り娘
140 東京ラプソディ
野崎小唄
花言葉の唄
春風

春の唄

161 港が見える丘

160 みなと

森の小《こ》径《みち》

164 森の水車

山のロザリア

故郷を離るる歌

故郷の廃家

学校の歌

仰げば尊し

いい日旅立ち

贈る言葉

学生時代

高校三年生

鈴懸《すずかけ》の径《みち》

蛍の光

花や動物の歌

122 ことりのうた

さくらさくら

白い花の咲く頃

162 めだかの学校

雀《すずめ》の学校

すみれの花咲く頃

茶摘《ちゃつみ》

41 チューリップ

138 ちょうちょう

146 野ばら

147 花

47 はなさかじじい

150 バラが咲いた

158 ぶんぶんぶん

リンゴ追分《おいわけ》

若葉

四季の歌

3 夏

さわやかな初夏から梅雨、そして盛夏へと大きく季節が変化する時期です。

6月

10日	時の記念日
11日頃	入梅
第3日曜	父の日
22日頃	夏至《げし》

7月

7日	七夕
第3月曜	海の日

8月

6日	広島原爆の日
8日頃	立秋
9日	長崎原爆の日
13～15日	旧盆
15日	終戦記念日

＜キーワード＞

衣替え　梅干漬け　梅雨《つゆ》　海
花火

＜花＞

バラ　菖蒲《しょうぶ》　紫陽花《あじさい》　ひまわり
朝顔

＜物＞

傘　長靴　てるてる坊主　浮き袋
浴衣《ゆかた》

143 夏の思い出
144 夏は来《き》ぬ
南から南から
みかんの花咲く丘
ゆりかごの歌
142 とんがり帽子
71 高原列車は行く
70 たなばたさま
オー・シャンゼリゼ
96 憧《あこが》れのハワイ航路
アロハ・オエ
南の花嫁さん
ブンガワン・ソロ
ラバウル小唄
酋長《しゅうちょう》の娘
牧場《まきば》の朝
この道
123 湖畔《こはん》の宿
128 しずかな湖畔《こはん》
白い花の咲く頃
森の小径《こみち》
長崎の鐘
137 炭坑節《たんこうぶし》
139 東京音頭《おんど》
花笠音頭
東京行進曲
146 野ばら
蛍
159 ほたるこい

雨の歌

雨

雨に咲く花

雨のブルース

98 あめふり

雨降りお月さん

或る雨の午後

109 かえるの合唱

43 かたつむり

小雨の丘

城《じょう》ヶ《が》島《しま》の雨

てるてる坊主

長崎は今日も雨だった

並木の雨

167 有楽町《ゆうらくちょう》で逢いましょう

海の歌

102 うみ

海

かもめの水兵さん

さくら貝の歌

160 みなと

165 椰子《やし》の実

175 われは海の子

戦時中にはやった歌*

愛国行進曲

異国の丘

海行かば

軍艦行進曲

戦友

同期の桜

隣組

麦と兵隊

露営《ろえい》のうた

若鷲《わかわし》の歌

＊戦時中の歌は、好まない方もいらっしゃいます。
歌う時、気をつけましょう。

秋

すごしやすい季節です。読書の秋、スポーツの秋、食欲の秋、芸術の秋。
実った果実や美しい月を想い浮かべながら、音楽を楽しみましょう。

9月

9日　重陽《ちょうよう》の節句
第3月曜　敬老の日
23日頃　秋分の日

10月

第2月曜　体育の日
（10日　東京オリンピック）
14日　鉄道記念日

11月

3日　文化の日（明治節）
8日頃　立冬
23日　勤労感謝の日

＜キーワード＞

行楽　もみじ　秋祭り　月見　虫

＜花＞

菊　コスモス　すすき　萩　桔梗《ききょう》
りんどう　金木犀《きんもくせい》　曼珠沙華《まんじゅしゃげ》（彼岸花《ひがんばな》）

＜物＞

どんぐり　紅葉した葉　りんご　柿
さつまいも　栗　梨　ぶどう

ちいさい秋みつけた
美しき天然
牧場《まきば》の朝
森の小人
菩提樹《ぼだいじゅ》
95 赤とんぼ
虫のこえ
秋の夜半《よわ》
110 案山子《かかし》
夕焼け小焼け
145 七つの子
39 村祭
村の鍛冶屋《かじや》
172 リンゴの唄
リンゴのひとりごと
影を慕《した》いて
故郷の空
長崎物語
163 紅葉《もみじ》
171 旅愁《りょしゅう》
故郷の廃家
故郷の人々
123 湖畔《こはん》の宿
庭の千草
149 浜辺の歌
31 77 どんぐりころころ

酒は涙か溜息《ためいき》か

叱《しか》られて

枯葉

パリの屋根の下

砂山

船頭《せんどう》小唄

旅笠道中

里の秋

月の歌

99 うさぎ

101 うさぎのダンス

120 荒城《こうじょう》の月

金色《こんじき》夜《や》叉《しゃ》

十五夜お月さん

証城《しょうじょう》寺《じ》の狸囃《たぬきばや》子《し》

40 つき

月の沙漠

169 宵待草《よいまちぐさ》

鉄道の歌

33 汽車

114 汽車ポッポ

鉄道唱歌

四季の歌 3 冬

クリスマス、大みそか、そしてお正月、1年の終わりから新しい年にかけてたくさんの行事がある季節です。

12月

22日頃　冬至《とうじ》
25日　クリスマス
31日　大晦日《おおみそか》

1月

1日　元旦
7日　七草
11日　鏡開き
20日頃　大寒

2月

3日頃　節分
4日頃　立春
11日　建国記念日（紀元節《きげんせつ》）

<キーワード>

大掃除　餅つき　おせち料理
豆まき

<花>

福寿草　梅　椿　さざんか　水仙

<物>

クリスマスツリー　マフラー
手袋　正月飾り　羽子板　コマ
福笑い　凧《たこ》

たき火
おしくらまんじゅう
お正月
一月一日
君が代
日の丸の旗
24 たこのうた
153 ふじの山
お江戸日本橋
かあさんの歌
紀元節
紀元二千六百年
新雪
116 北の宿から
津軽海峡《つがるかいきょう》冬景色
国境の町
異国の丘
サーカスの唄
寒い朝
浜千鳥
喜びも悲しみも幾歳月《いくとしつき》
スキー
出船
ともしび
141 トロイカ
155 冬景色

冬の星座

156 冬の夜《よ》

ペチカ

真白き富士の嶺《ね》

168 雪

雪の降る街を

雪山讃歌

クリスマスの歌

ジングル・ベル

きよしこの夜

もみの木

170 喜びの歌

早春の歌

うぐいす

霞《かすみ》か雲か

115 北国の春

132 早春《そうしゅん》賦《ふ》

どじょっこふなっこ

ノーエ節

春よ来い

湯島の白梅《しらうめ》

語呂合わせで「喜びの歌」を歌おう！（楽譜 170）

「喜びの歌」～交響曲 第 9 番 第 4 楽章より
シラー 作詞（ベートーヴェン 作曲）

Freude,　schöner　Götterfunken,
フロイデ　シエーネル　ゲッテル　フンケン
風呂出で　詩へ寝る　月輝　粉健

Tochter　aus　Elysium,
トホテル　アウスエ　リージ　ウム
とホテル　会う末　理事　生む

Wir　betreten　feuertrunken,
ヴィルベ　ト　レーテン　フオイエル　トゥルンケン
ビルベ　と　0点　夫追い得る　取るん健

Himmlische,　dein　Heiligtum !
ヒンムリッシェ　ダイン　ハイリヒトウム
貧無理死へ　台ん　入り人産む

Deine　Zauber　binden　wieder,
ダイネ　ツアウベル　ビンデン　ヴィーデル
台寝　津会うベル　ビン出ん　微出る

was　die　Mode　streng　geteilt,
ヴァスデイ　モウデ　シュトウレン　ゲタイルト
バス出い　詣で　酒取れん　下駄いると

alle　Menschen　werden　Brüder,
アーレー　メンシェン　ヴェルデン　ブリューゲル
ああ冷　麺支援　ベル出ん　鰤うでる

wo　dein　sanfter　Flügel　weilt.
ヴォーダイン　ザンフテル　フリューゲル　ヴァイルト
暴大ん　残ふてる　風流げる　場いると

4

気分を変えて

歌でレクリエーション

楽しい歌が
たくさん
ありますよ

追いかけ歌

- アイアイ
- 月の沙漠
- 60 山賊《さんぞく》の歌
- 瀬戸の花嫁
- 森のくまさん
- 117 君恋し
- こんにちは赤ちゃん

山賊《さんぞく》の歌

田島 弘 作詞／小島 祐嘉 作曲

Am Am C G
あ め（あめ）が ふ れ ば（がふれば）お が わ（おがわ）が で ー き（ができ） か ぜ
Am Dm F C
が（かぜが） ふ け ば（ふけば） や ー ま（やま） が で き る（ができる）ヤッ
Am Am C C
ホ（ヤッホ） ヤッホホ ホ（ヤッホホホ）さびし い（さびしい） とーこ ろ（ところ） ヤッ
Am C F C
ホ（ヤッホ） ヤッホホ ホ（ヤッホホホ）さびし い（さびしい）と こ ろ（ところ）

役わり歌

100 うさぎとかめ　……うさぎグループ，かめグループに分かれて
うたいましょう。

おお ブレネリ

47 はなさかじじい

いい湯だな　……アハハンと合いの手を入れましょう。

154 二人は若い

すずめのおやど

朝はどこから

長崎は今日も雨だった

銀座の恋の物語

別れても好きな人

いつでも夢を

お座敷小唄

勘太郎月夜唄《かんたろうつきようた》

言葉抜き

歌詞の中の
文字を抜いて、
歌ってみましょう

あんたがたどこさ　……「サ」を抜く

♪　あんたがたどこ(　)　ひご(　)　ひごどこ(　)　～

お猿のかごや　……「サ」を抜く

♪　エー(　)　エー(　)　エッ(　)ホイ(　)(　)　～

110 案山子《かかし》……「ノ」と「カ」を抜く

♪　やまだ(　)　なー(　)(　)　いっぽんあし(　)　(　)(　)し　～

輪唱

109 かえるの合唱
62 山火事
128 しずかな湖畔《こはん》
89 ともだちのカノン

山火事

岡本 敏明 作詞／スイス曲

1
2
3
4
かじだ かじだ どこだ どこだ やまだ やまだ それ行けそれ行け

くり返し歌って、ハーモニーを楽しみましょう。

替え歌

「鉄道唱歌」「リパブリック讃歌」のメロディーで楽しみましょう。

「おはぎのうた」

おはぎがお嫁に行く時は
あんこときな粉で化粧して
丸いおぼんにのせられて
喉《のど》の関所を通ります

今夜の泊りは胃の中で
あしたは町内ひとめぐり
行き着くところは下関
今日は楽しい旅でした

「うめぼしのうた」

二月三月　花ざかり
うぐいす鳴いた　春の日も
たのしい時も　夢のうち
五月六月　実がなれば

枝からふるい　おとされて
近所の町に　持ち出され
何升《しょう》何合《ごう》　計り売り
もとよりすっぱい　この体

塩につかりて　からくなり
しそにそまりて　赤くなり
七月八月　暑い頃
三日三晩の　土用干し

思えばつらい　ことばかり
これも世のため　人のため
しわはよっても　若い気で
小さい君らの　仲間入り

運動会にも　ついていく
ましていくさの　その時は
なくてはならない　この私
なくてはならない　この私

＊地域によって歌詞はいろいろです。

「やさいのマーチ」

竹の子　のこのこ　顔出せば
ウドは　うとうと　船をこぐ
昼寝　とろとろ　とろろ芋
にんにく　にやりと　にが笑い

ごぼう　ゴボゴボ　風邪ひいて
れんこん　コンコン　咳《せき》払い
にんじん　じんじん　じんましん
はくさい　大きな　ハックション

かぼちゃ　ベチャベチャ
おしゃべりすれば
小松菜　困って　渋い顔
ねぎって　買った　ねぎ一把《わ》
これも　みんなの　仲間入り

今年しゃ　豊年万作《ほうねんまんさく》で
みんな元気で　幸せと
感謝　感謝の　大行進
野菜を　たくさん　食べましょう

遊び歌

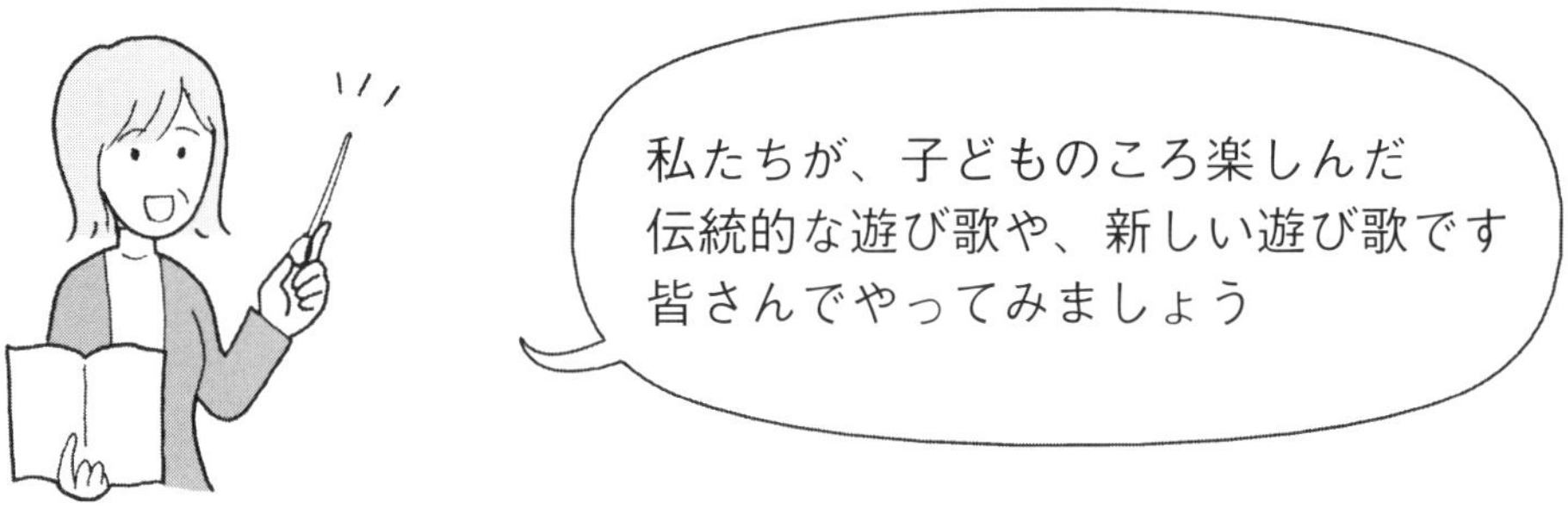
私たちが、子どものころ楽しんだ
伝統的な遊び歌や、新しい遊び歌です
皆さんでやってみましょう

あんたがたどこさ
通りゃんせ
46 ひらいたひらいた
茶壺《つぼ》
鞠《まり》と殿様
かぼちゃのたね
65 から傘
ごんべさんのあかちゃん
36 かごめかごめ
はないちもんめ
ずいずいずっころばし
茶摘《ちゃつみ》
おべんとうばこ
まつぼっくり
105 大きな栗の木の下で
166 山の音楽家
67 ドレミの歌　……ボディー音階（66 ページ）でやってみましょう。

手話をとり入れて、
歌ってみましょう

上を向いて歩こう
この広い野原いっぱい
153 ふじの山
157 故郷《ふるさと》
夕焼け小焼け
105 大きな栗の木の下で

花音ちゃんの手話

うたう

こんにちは

から傘

わらべうた

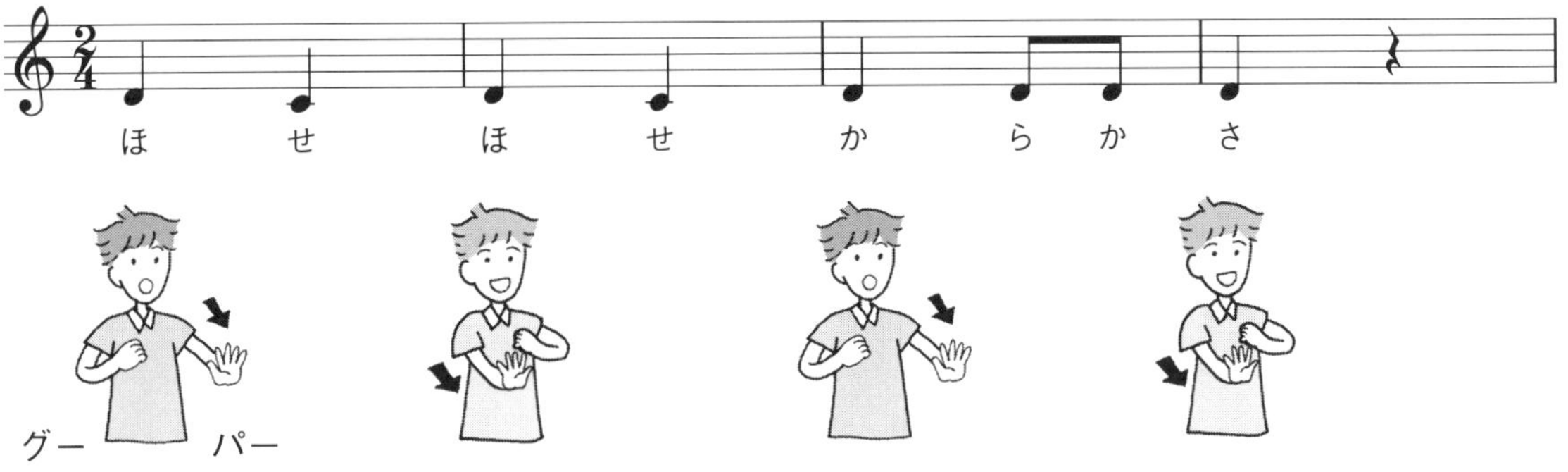
ほ　せ　ほ　せ　か　ら　か　さ
グー　パー

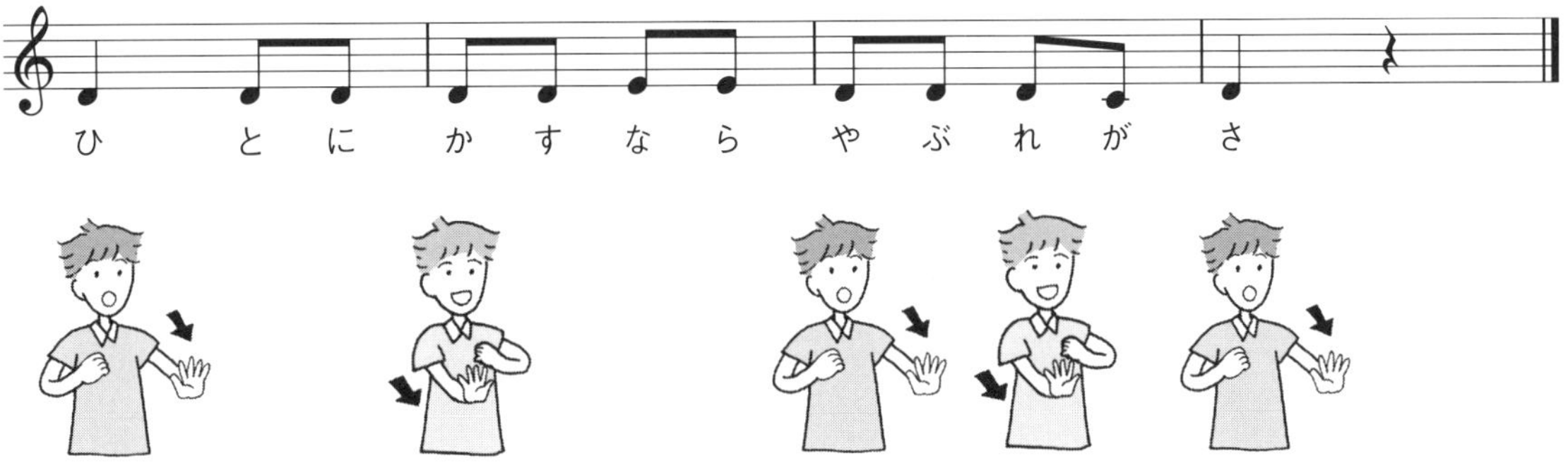
ひ　と　に　か　す　な　ら　や　ぶ　れ　が　さ

ボディー音階

ド　　レ　　ミ　　ファ　　ソ

「ドレミの歌」で
やってみよう！

ラ　　シ　　ド（↑）　　レ（↑）

「チューリップ」
「ちょうちょう」
でも楽しくできますよ！

41 チューリップ：ドレミ　ドレミ　ソミレドレミレ　…

138 ちょうちょう：ソミミ　ファレレ　ドレミファソソソ　…

ドレミの歌

ペギー 葉山 作詞／リチャード・ロジャース 作曲

気分を変えて ④ 楽器を使って

楽器を使うことで、からだが自然に動き
気分を発散させます
合奏は仲間意識が生まれ、達成感が得られます
発表の場があると、生活にハリがでます

CD の活用

好きな楽器を選んでもらい、市販の CD などに合わせて自由に演奏します。
右のページにおすすめの曲と楽器があります。

リズムパターン

①タンゥンタンゥンタンタンタンゥン
②タータンタン
③タントントン

ラテンに挑戦

歌詞に合わせる

39 「村祭」ドンドンは、太鼓やタンバリン、ヒャララは、鳴子《なるこ》やすずを使います。
「山寺の和尚《おしょう》さん」「証城寺《しょうじょうじ》の狸囃子《たぬきばやし》」歌の合間に、木魚をたたきます。
「おもちゃのチャチャチャ」チャチャチャですずを使います。

太鼓

大太鼓　和太鼓　バッファロードラムなどを、一人で好きなようにたたきます。

メロディー楽器

木琴　ハンドベル　ギターなども使ってみましょう。

CDの活用

CDに合わせて楽器を使いましょう。

96 憧《あこが》れのハワイ航路／94 青い山脈／青い背広で／106 丘を越えて／オー・シャンゼリゼ／お祭りマンボ／学生時代／高校三年生／150 バラが咲いた／春の唄／141 トロイカ／三百六十五歩のマーチ／140 東京ラプソディ／森の小人／赤鼻のトナカイ

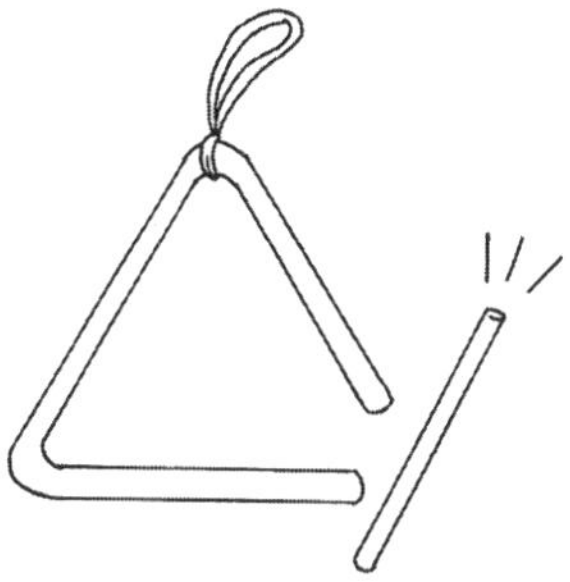

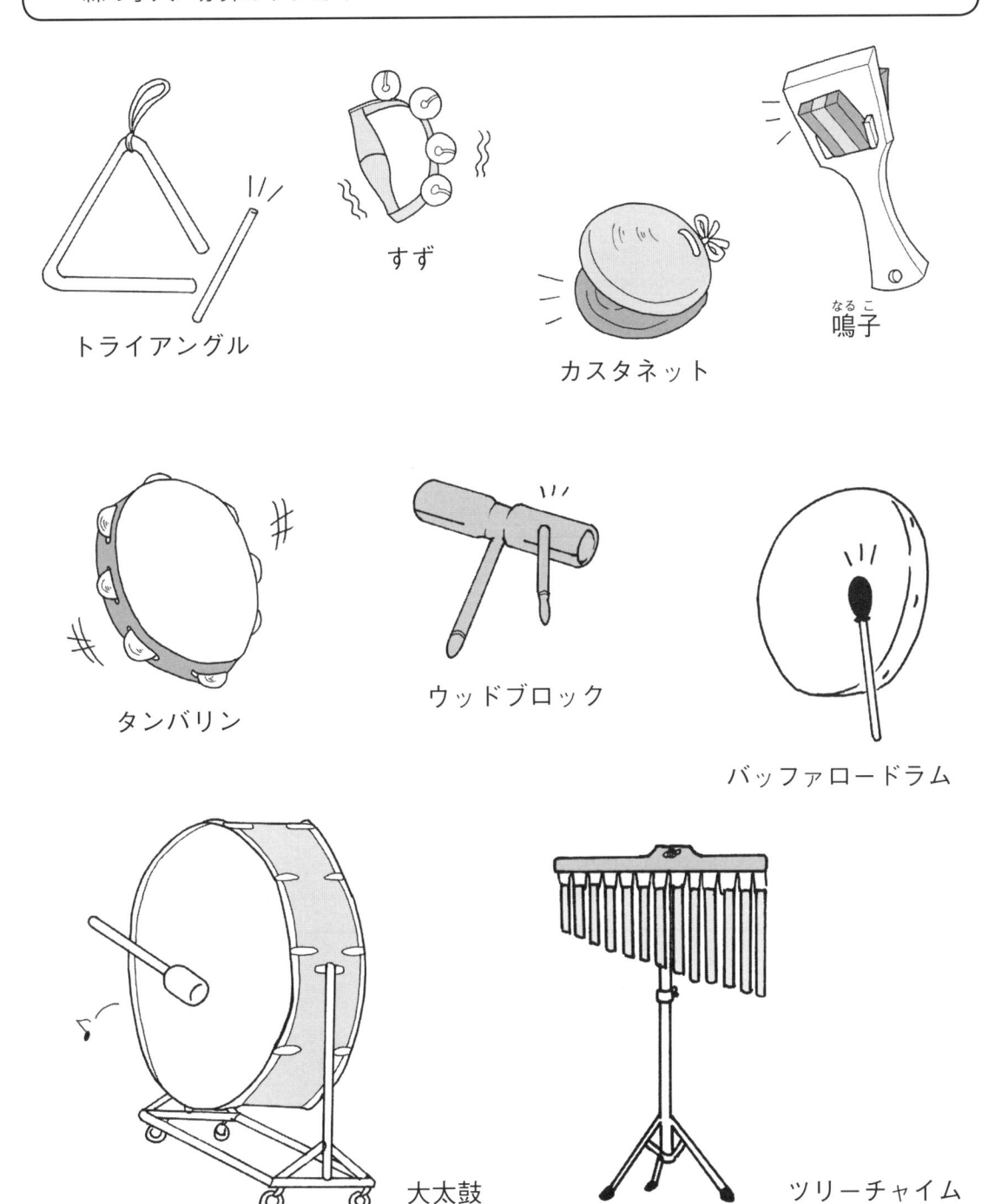

トライアングル

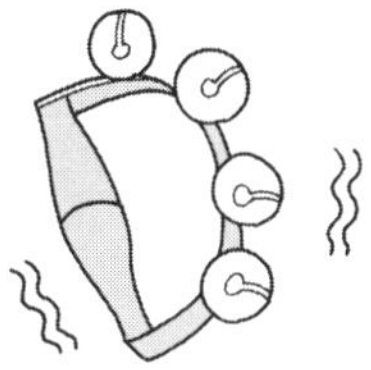

すず

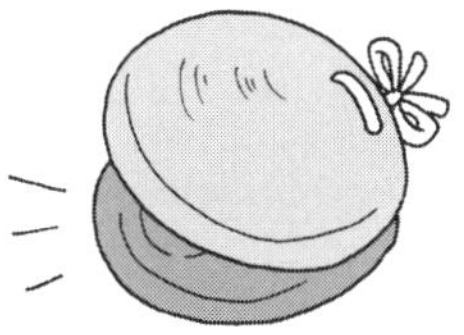

カスタネット

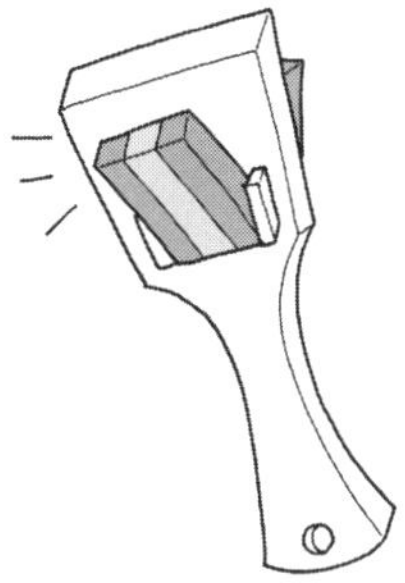

鳴《なる》子《こ》

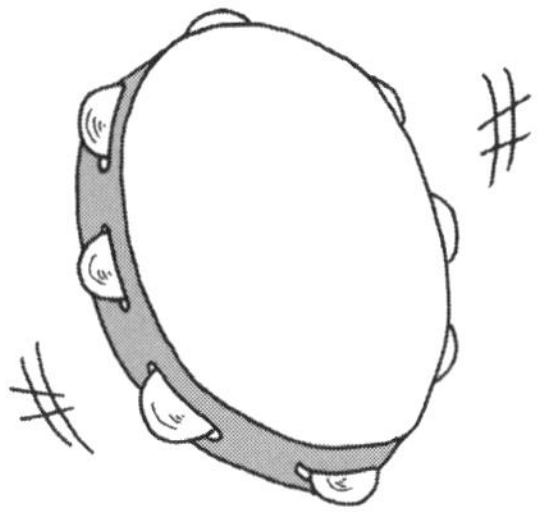

タンバリン

ウッドブロック

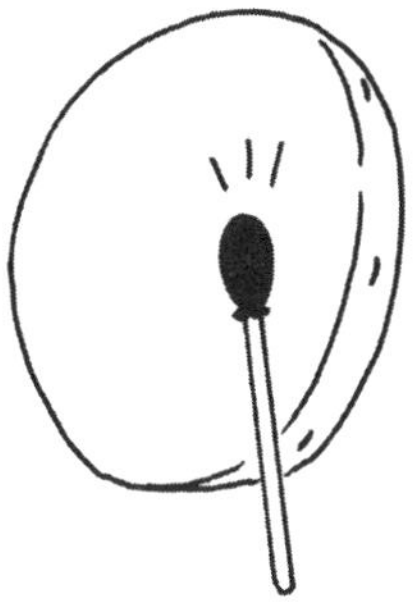

バッファロードラム

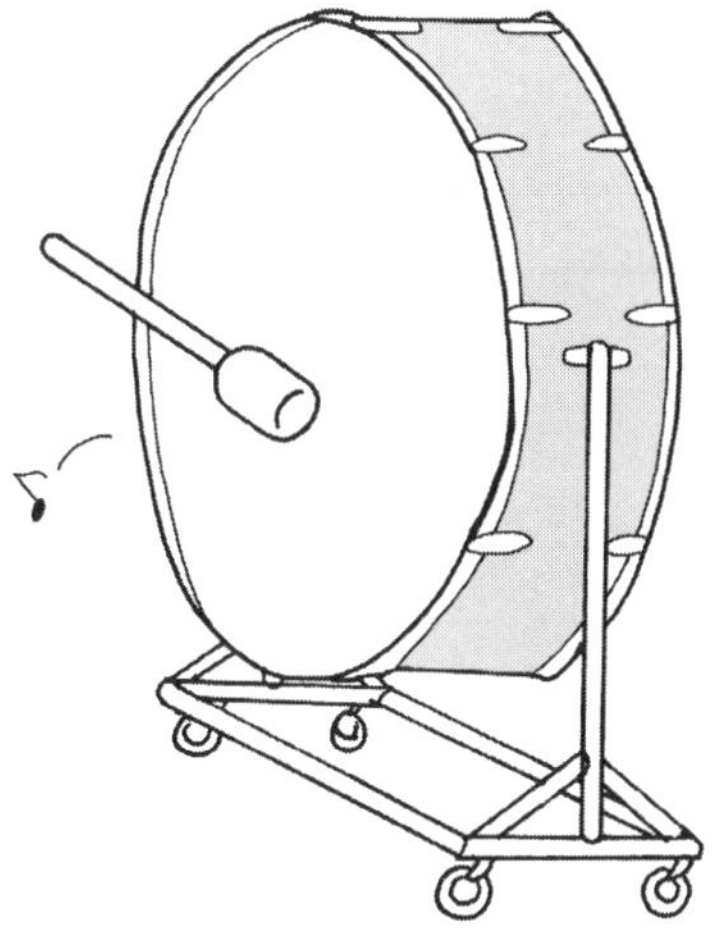

大太鼓

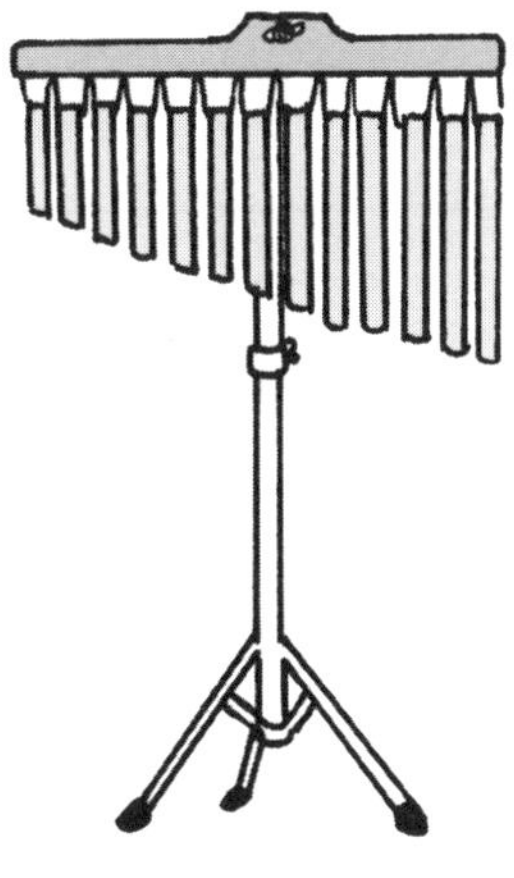

ツリーチャイム

リズムパターン

① タン ウン タン ウン タンタンタン ウン のリズムをたたいてみましょう

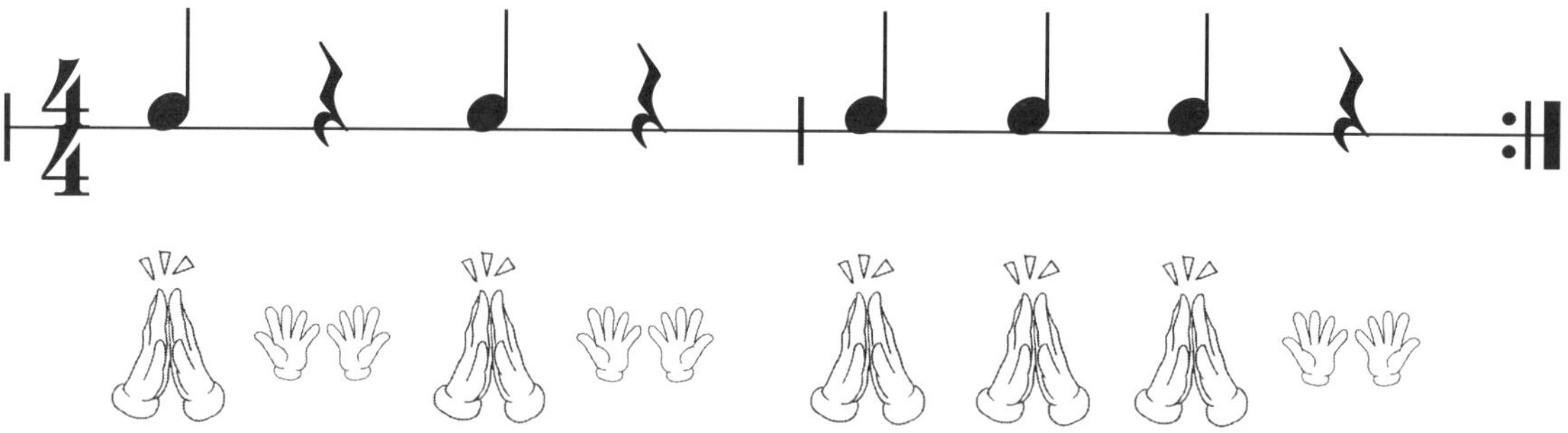

「たなばたさま」を歌いながら、このリズムをたたいてみましょう

たなばたさま

権藤 花代 作詞・林 柳波 補作詞／下総 皖一 作曲

C
G
さ さ の は さ ら さ ら の き ば に ゆ れ る
タン ウン タン ウン タン タン タン ウン
C
Dm
C
G
C
お ほ し さ ま き ら き ら き ん ぎ ん す な ご

参考曲：おお牧場《まきば》はみどり／おさななじみ／線路は続くよどこまでも／175 われは海の子／94 青い山脈／スキー／三百六十五歩のマーチ／142 とんがり帽子

タン ウン タン ウン タンタンタン ウン のリズムを使って、「高原列車は行く」を歌いながらたたいてみましょう

高原列車は行く

丘 灯至夫 作詞／古関 裕而 作曲

G
きしゃのーまどからハンケチふれば
D7 G D7 G
まきばのおとめがはなたばなげる
C G A7 D7
あかるいあおぞらしらかばばやし
G C G D7
やまこえたにこえはるばるーと
G C
ラ ラ ララ ララ ラ ラ ラ ラ ラ ラ こうげん
G D7 G
れっしゃはラ ラ ラ ラ ラ ゆくよ
(ヘイ)

② **ター タン タン** のリズムをたたいてみましょう

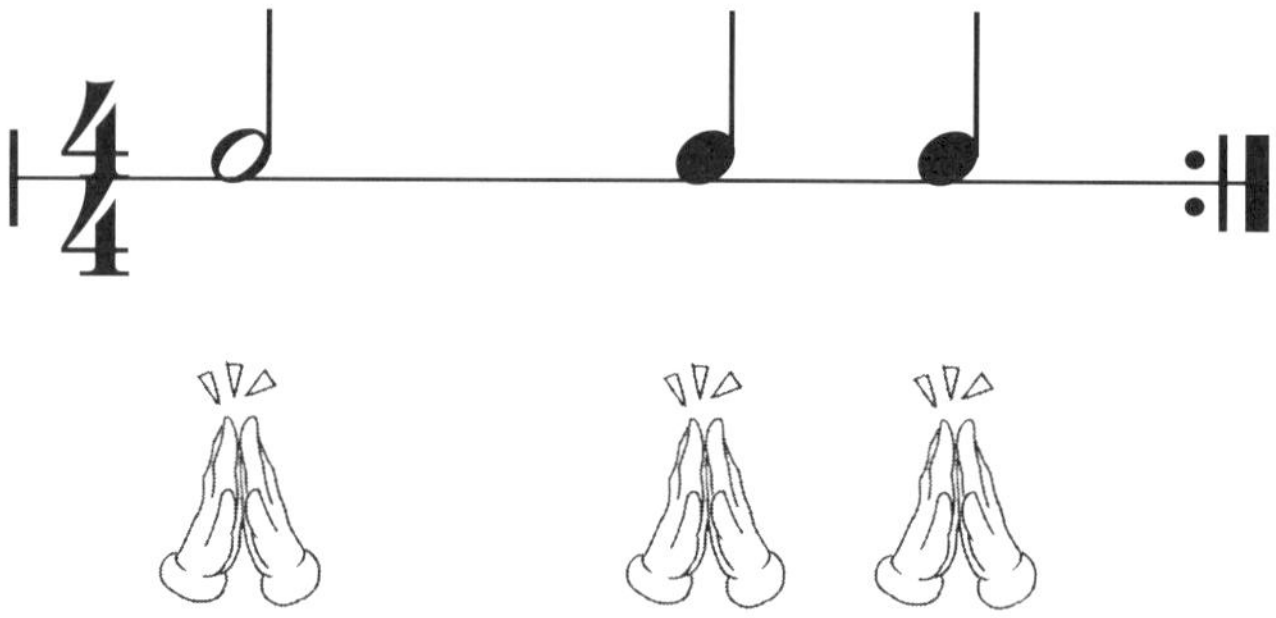

ドーナツと言いながら
リズムをたたきましょう

「春が来た」を歌いながら、このリズムをたたいてみましょう

春が来た

髙野 辰之 作詞／岡野 貞一 作曲

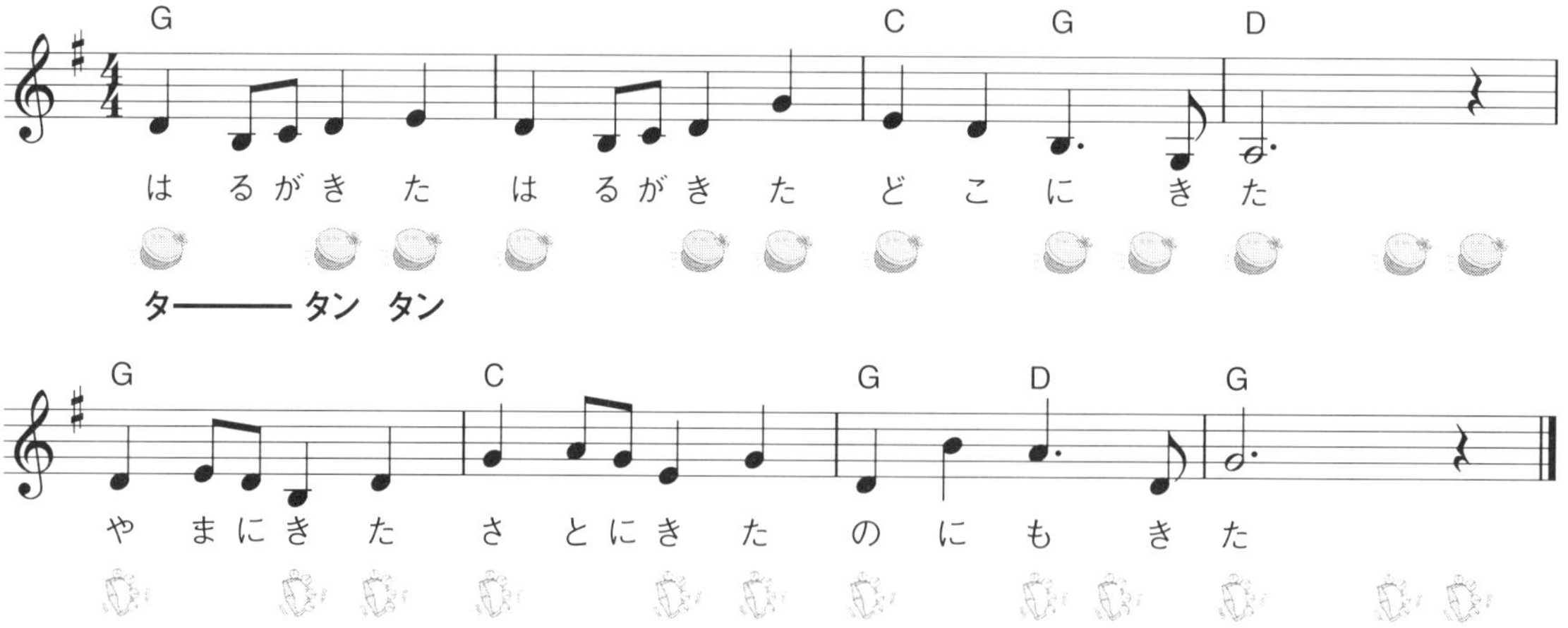
G C G D
はるがきた はるがきた どこにきた
ター——— タン タン
G C G D G
やまにきた さとにきた のにもきた

参考曲：春の小川／153 ふじの山／牧場《まきば》の朝／サン・トワ・マミー／
南国土佐《とさ》を後にして／船頭《せんどう》小唄／133 蘇州《そしゅう》夜《や》曲《きょく》／136 旅の夜風

タ－ タン タン のリズムを使って、「銀座カンカン娘」を歌いながらたたいてみましょう

銀座カンカン娘

佐伯 孝夫 作詞／服部 良一 作曲

F
あ のこ かわ い や カ ンカ ンむ す め
F B♭ F
あか いブ ラウ ス サ ンダ ルは ーい て ー
A7 Dm A7
だれ をま つやら ぎ んざ のま ちか ど とけ いな がめ て そ わそ わに やに や
F B♭ F C7 F
これ ーが ぎん ーざ の カ ンカ ンむ す め

③ **タン トン トン** のリズムをたたいてみましょう

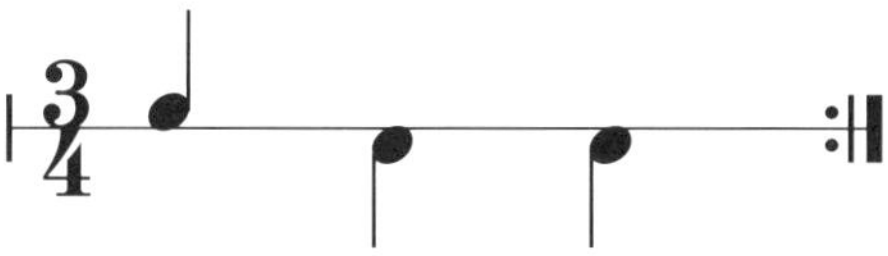

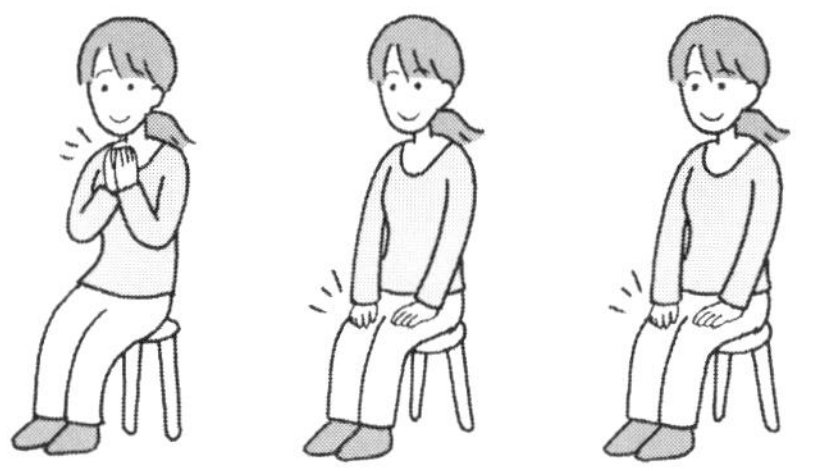

「こいのぼり」を歌いながら、このリズムをたたいてみましょう

こいのぼり

近藤 宮子 作詞／無名著作物

C G
やねより たかい こいのぼーり
タン トン トン タン トン トン タン トン トン タン トン トン
C F G C
おおきな まごいは おとうさん
タン トン トン タン トン トン タン トン トン タン トン トン
F C G C
ちいさい ひごいは こどもたーち
タン トン トン タン トン トン タン トン トン タン トン トン
C F G C
おもしろ そうに およいでる
タン トン トン タン トン トン タン トン トン タン トン トン
ふりましょう

参考曲：125 サンタ・ルチア／95 赤とんぼ／王将／浜千鳥／影を慕《した》いて／背くらべ

タン トン トン のリズムを使って、「星影のワルツ」を歌いながらたたいてみましょう

星影のワルツ

白鳥 園枝 作詞／遠藤 実 作曲

C
わ か れ る こ ーーと ー は つ ら い ー け ー ど
Am C G7
し か た が な い ん ー だ き み の た ー め
C Dm C
わ か れ に ほ し か げ の ワ ル ツ を う た おう ー
Am F G7
つ め た い こ こ ろ じゃ な い ん だ よ
Am F G7
つ め た い こ こ ろ じゃ な い ん だ よ
C Am G7 C
い ま で も ー す ー き ー だ し ぬ ほ ど に

ラテンに挑戦

ラテン音楽は中南米発祥の音楽で、ルンバ・タンゴ・マンボなどのダンスとともに楽しまれた音楽です。リズムにのってやってみましょう。

◯楽器

カウベル　コンガ　ボンゴ　マラカス　クラベス　ギロ　バンドネオン

◯有名な曲

「ラ・クカラーチャ」「情熱の花」「ベサメ・ムーチョ」

カウベル

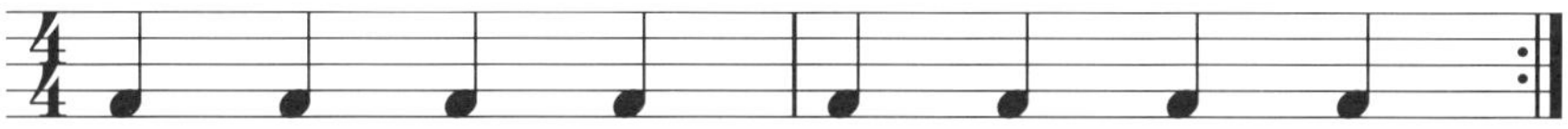

クラベス

ギロ

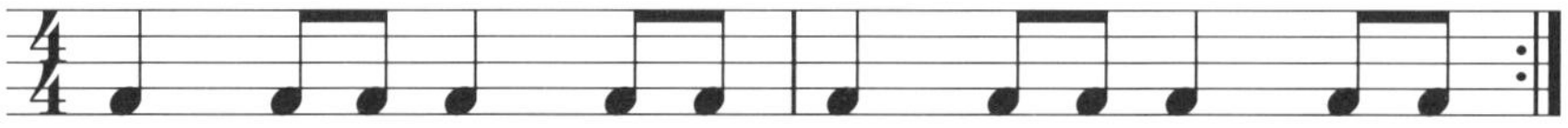

カウベル

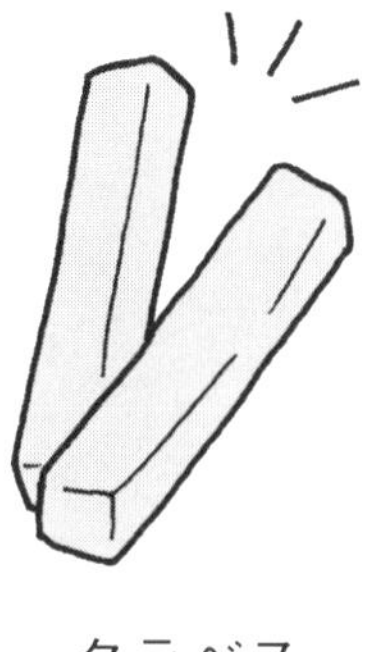

クラベス

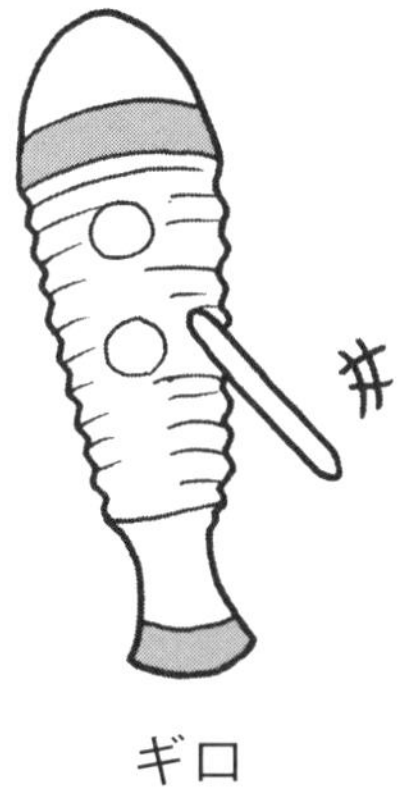

ギロ

どんぐりころころ

青木 存義 作詞／梁田 貞 作曲

C G C F C
どん ぐりころころ ドン ブリコ おいけにはまっ て さぁ たいへん
カウベル
クラベス
ギロ
C G C F G C
どじょう が で て き て こん に ち は ぼっちゃんいっ しょに あ そ び ましょう

西洋音楽ことはじめ

「ちょうちょう」「蛍の光」「むすんでひらいて」など私たちに大変なじみの深い歌があります。明治の「小学唱歌集」に収められ、今日でも歌われている曲です。しかしこれらは全て外国曲です。

少し歴史を振り返ってみましょう。
鎖国により日本では、長唄《ながうた》・浄瑠璃《じょうるり》・民謡・わらべうたなど日本独特の音楽を伝承してきました。大きな変革があったのは、明治維新《めいじいしん》です。

1872年（明治5年）太政官布告《だじょうかんふこく》で「学制《がくせい》」がしかれ、音楽も小中学校教育の教科とし『西洋音楽』をあつかうことが定められました。
しかし法律はできたものの、西洋音楽を聴いたこともなく、指導者もいない。具体的な準備は皆無。そこで音楽の教科に関しては「当分これを欠く」となりました。

1879年（明治12年）文部省の所属機関として「音楽取調掛《おんがくとりしらべがかり》」が設置され、アメリカ留学から帰国した伊沢修二《いざわしゅうじ》が担当官となりました。音楽教師メイソンを招き、西洋音楽の導入を行い、1881年（明治14年）には「小学唱歌」を完成させます。その中に「ちょうちょう」などが収められていました。

それから約20年後、日本人による日本人のための名曲、瀧廉太郎《たきれんたろう》作曲の「花」1900年（明治33年）、「荒城の月」1901年（明治34年）が発表されます。

5 いろいろな歌

人気のある歌

人気のある歌を集めました。作曲年順に並べてあります。
参加者の年齢や好みに合わせて自由に選曲してください。

＜人気歌手　年代順＞

松井 須磨子
1886 ～ 1919（明治 19 ～大正 8）

東海林 太郎
1898 ～ 1972（明治 31 ～昭和 47）

藤原 義江
1898 ～ 1976（明治 31 ～昭和 51）

田谷 力三
1899 ～ 1988（明治 32 ～昭和 63）

淡谷 のり子
1907 ～ 1999（明治 40 ～平成 11）

藤山 一郎
1911 ～ 1993（明治 44 ～平成 5）

霧島 昇
1914 ～ 1984（大正 3 ～昭和 59）

笠置 シヅ子
1914 ～ 1985（大正 3 ～昭和 60）

岡 晴夫
1916 ～ 1970（大正 5 ～昭和 45）

岡本 敦郎
1924 ～ （大正 13 ～）

フランク 永井
1932 ～ 2008（昭和 7 ～平成 20）

美空 ひばり
1937 ～ 1989（昭和 12 ～昭和 64）

坂本 九
1941 ～ 1985（昭和 16 ～昭和 60）

	曲名	年代
	アニー・ローリー	明 17
	埴生《はにゅう》の宿	明 22
	鉄道唱歌	明 33
147	花	明 33
120	荒城《こうじょう》の月	明 34
	ローレライ	明 42
	星の界《よ》	明 43
157	故郷《ふるさと》	大 3
149	浜辺の歌	大 7
152	琵《び》琶《わ》湖《こ》周航《しゅうこう》の歌	大 8
	月の沙漠	大 12
	花嫁人形	大 12
	あの町この町	大 14
117	君恋し	昭 3
106	丘を越えて	昭 6
	影を慕《した》いて	昭 7
	サーカスの唄	昭 8
154	二人は若い	昭 10
	ああそれなのに	昭 11
	うちの女房《にょうぼう》にゃ髭《ひげ》がある	昭 11
	男の純情	昭 11
140	東京ラプソディ	昭 11
	青い背広で	昭 12
	煙草《たばこ》屋《や》の娘	昭 12

	人生の並木路	昭 12
136	旅の夜風	昭 13
131	人生劇場	昭 13
	一杯のコーヒーから	昭 14
	きらめく星座	昭 15
123	湖《こ》畔《はん》の宿	昭 15
	誰《たれ》か故郷を想わざる	昭 15
164	森の水車	昭 16
	鈴懸《すずかけ》の径《みち》	昭 17
	みかんの花咲く丘	昭 21
172	リンゴの唄	昭 21
142	とんがり帽子	昭 22
	啼《な》くな小鳩よ	昭 22
	星の流れに	昭 22
	山《やま》小《ご》舎《や》の灯《ともしび》	昭 22
96	憧《あこが》れのハワイ航路	昭 23
94	青い山脈	昭 24
	あざみの歌	昭 24
103	栄冠《えいかん》は君に輝く	昭 24
73	銀座カンカン娘	昭 24
	水色のワルツ	昭 25
	お富さん	昭 29
	月がとっても青いから	昭 30
121	ここに幸《さち》あり	昭 31
167	有楽町《ゆうらくちょう》で逢《あ》いましょう	昭 32
	星は何でも知っている	昭 33
	アカシアの雨が止《や》む時	昭 35
	潮《いた》来《こ》笠《がさ》	昭 35
	上を向いて歩こう	昭 36
	王将	昭 36
	銀座の恋の物語	昭 36
	いつでも夢を	昭 37
	大きな古時計	昭 37
	遠くへ行きたい	昭 37
	見上げてごらん夜の星を	昭 37
	山男の歌	昭 37
	おさななじみ	昭 38
	こんにちは赤ちゃん	昭 38
	お座敷小唄	昭 39
	学生時代	昭 39
126	幸せなら手をたたこう	昭 39
	柔《やわら》	昭 39
	夜明けの歌	昭 39
	君といつまでも	昭 40
	知りたくないの	昭 40
	手のひらを太陽に	昭 40
	いい湯だな	昭 41
75	星影のワルツ	昭 41
	若者たち	昭 41
	世界は二人のために	昭 42
	三百六十五歩のマーチ	昭 43
	希望	昭 44
	世界の国からこんにちは	昭 45
	翼《つばさ》をください	昭 46
	わたしの城下町	昭 46
127	四季の歌	昭 47
	瀬戸の花嫁	昭 47
	せんせい	昭 47
	襟《えり》裳《も》岬《みさき》	昭 49
115	北国の春	昭 52
	津《つ》軽《がる》海峡《かいきょう》冬景色	昭 52
	君をのせて	昭 61
112	川の流れのように	平 元
	千の風になって	平 18
	オー・ソレ・ミオ	——
	オールド・ブラック・ジョー	——
125	サンタ・ルチア	——
146	野ばら	——

いろいろな歌 5 ご当地ソング

日本各地にゆかりのある歌を集めました。参加者の出身地の歌もうたってみましょう。

北海道・東北地方

【北海道】

130 知床《しれとこ》旅情《りょじょう》

134 ソーラン節

【青森県】

津軽海峡《つがるかいきょう》冬景色

【岩手県】

北上夜曲（北上川）

【宮城県】

120 荒城《こうじょう》の月（仙台市・青葉城址）

【山形県】

花笠音頭

【福島県】

120 荒城《こうじょう》の月（会津若松市・鶴ヶ城址）

会津《あいづ》磐梯《ばんだい》山（会津若松市）

関東地方

【茨城県】

潮来《いたこ》笠《がさ》（潮来市）

水戸黄門主題歌（水戸市）

【神奈川県】

真白き富士の嶺《ね》（七里ヶ浜）

鎌倉（鎌倉市）

箱根八里（箱根町）

赤い靴（横浜市）

161 港が見える丘（横浜市）

港町十三番地（横浜市）

174 別れのブルース（横浜市）

【群馬県】

123 湖畔《こはん》の宿（高崎市・榛名《はるな》湖）

【東京都】

江戸子守歌

お江戸日本橋

73 銀座カンカン娘

139 東京音頭《おんど》

東京キッド

東京行進曲

東京の花売り娘

140 東京ラプソディ

銀座の恋の物語

167 有楽町《ゆうらくちょう》で逢《あ》いましょう

湯島の白梅《しらうめ》（文京区・湯島天神）

波浮《はぶ》の港（伊豆大島）

中部地方

【静岡県】

金色《こんじき》夜叉《やしゃ》（熱海市）

湯の町エレジー（伊豆市）

旅姿三人男（静岡市）

【長野県】

勘太郎《かんたろう》月夜《つきよ》唄《うた》（伊那市）

木曾節

信濃《しなの》の国

近畿地方

【京都府】

祇園《ぎおん》小唄

【滋賀県】

152 琵琶湖《びわこ》周航《しゅうこう》の歌

【兵庫県】

デカンショ節

中国・四国地方

【香川県】

金比羅《こんぴら》船々

【高知県】

南国土佐《とさ》を後にして

九州・沖縄地方

【福岡県】

黒田節（福岡市）

137 炭坑節《たんこうぶし》（福岡市）

【大分県】

120 荒城《こうじょう》の月（竹田市・岡城址）

【長崎県】

長崎の鐘

長崎物語

【熊本県】

五木《いつき》の子守唄

いろいろな歌

5 外国の歌

外国の歌、外国をイメージしてつくられた歌を集めました。

ドイツ

146 野ばら（ウェルナー作曲）
野薔薇《ばら》（シューベルト作曲）
ローレライ
菩提樹《ぼだいじゅ》
170 喜びの歌

イタリア

オー・ソレ・ミオ
125 サンタ・ルチア
フニクリ・フニクラ

フランス

アヴィニヨンの橋で
オー・シャンゼリゼ
枯葉
サン・トワ・マミー
パリの屋根の下

イギリス

アニー・ローリー
蛍の光
ロンドン橋

スペイン

126 幸せなら手をたたこう

スイス

エーデルワイス
おおブレネリ

東欧

森へ行きましょう
おお牧場《まきば》はみどり

ロシア

111 カチューシャ
ともしび
141 トロイカ

アメリカ

オールド・ブラック・ジョー
大きな古時計
グリーン・グリーン
聖者の行進
夢路より
アロハ・オエ（ハワイ）

インドネシア

ブンガワン・ソロ

外国にまつわる歌

96 憧《あこが》れのハワイ航路

133 蘇《そ》州《しゅう》夜《や》曲《きょく》

上海《しゃんはい》帰りのリル

支《し》那《な》の夜

国民歌謡とラジオ歌謡

国民歌謡は 1936 年（昭和 11 年）にラジオの歌番組として毎日 5 分間放送されました。
「健康的な歌曲を作ろう」が目的でした。「椰子の実」「春の唄」「愛国行進曲」「紀元二千六百年」「隣組」などが代表的な歌です。
ラジオ歌謡は戦後 1946 年（昭和 21 年）から始まりました。国民歌謡は、軍事色が強くなってしまったので「誰もが歌える健全なホームソング」をめざしました。「森の水車」「山小舎の灯」「あざみの歌」「雪の降る街を」などの曲があり、1962 年（昭和 37 年）まで続きます。
その後、テレビの時代に入ります。NHK テレビの「みんなの歌」となって引きつがれていきます。

音楽の不思議な力③　私達の体験談

プロのヴァイオリニストのお話です。

高齢と病気で「もう演奏は無理」と、ヴァイオリンに封印をしていました。

施設で音楽の時間を導入しましたが、はじめは参加されませんでした。しかし、皆さんの楽しそうな様子を見て、しだいに参加するようになりました。

そのうち、自分からヴァイオリンを持参し、メロディーを弾いてくださるようになりました。

はじめはおぼつかなかった音も、だんだんしっかりした音色となりました。

そのことで自信を持たれたのでしょうか「もう行けない」とおっしゃっていた海外旅行にもお出かけになりました。

終わりの歌 6

終わりの歌

⑥ さいごのうた

- 157 故郷《ふるさと》
- 夕焼け小焼け
- 145 七つの子
- 95 赤とんぼ
- 108 おぼろ月夜
- 120 荒城《こうじょう》の月
- 156 冬の夜《よ》

もう終わりですね～

次回への期待に
つなげることが
大切です

またお会いしましょう！

終わりの歌 6

あいさつの歌

グッドバイ
さようなら
今日の日はさようなら
素敵な今日の日
89 ともだちのカノン

ともだちのカノン

小山 章三 作詞／作曲

1 G
2 C
Am
D
ともだちは いいな どんな ときでも こ
G C D7 G
こ ろと こころ が つ うじ あ う
Coda
G C G
[全員で]ともだちは いいな いいな

楽しい工夫と小物

テーマ		ヒント	曲名（例）
春	花　木	梅　さくら　チューリップ　バラなどの花	チューリップ バラが咲いた
	節句	ひな人形 こいのぼり　紙かぶと	うれしいひなまつり こいのぼり
夏	雨	てるてる坊主（目、鼻を描く） 長靴　傘　レインコート　雨下駄	てるてる坊主 あめふり
	海	大きな青い布（端を持ち上下させ、波を表現） 水着　浮き袋　ビーチボール	うみ 海
	シャボン玉	シャボン玉を吹く	シャボン玉
	花火	くもの巣投げテープ　紙鉄砲を使い花火の感じを出す　ゆかた	花火
秋	紅葉	紅葉の葉をいろがみで作って貼る	紅葉 里の秋
	祭り	はっぴ　祭りのCD 豆絞りのはちまき　うちわ	村祭
	月	金色の月を作りススキ野原の絵を背景に動かす	つき うさぎ 十五夜お月さん
	お月見	うさぎの耳を作りかぶる 三宝　白い玉（月見団子のように供える）	
	夕焼け	大きな朱色の布で夕焼けを表現	夕焼け小焼け　夕日
冬	雪	白い紙（紙を細かくして雪のようにまく） てぶくろ　毛糸の帽子　マフラー	雪 冬の夜《よ》
	たきび	薪を組み赤いセロファンで燃えている様子をだす	たき火 おしくらまんじゅう
	正月	羽子板　コマ　福笑い　かるた 国旗　鏡餅　着物	お正月 一月一日

テーマ		ヒント	曲名（例）
男性	会社	背広　通勤かばん　ネクタイ	青い背広で
	軍隊	兵隊さんの写真　軍歌	同期の桜
女性	料理	得意料理の話 かっぽう着　なべ　やかん　しゃもじ	かあさんの歌
	掃除	はたき　ぞうきん　頬かむり　たすき掛け	肩たたき
	おしゃれ	お化粧をする 口紅　マニキュア　ハンドバッグ カチューシャ	カチューシャの唄
	母	赤ちゃんサイズの人形をだっこする	江戸子守歌
	結婚	結婚式の写真などを見る	花嫁人形
学校	勉強	学校の雰囲気をだしノートや鉛筆を使う ランドセル　黒板　チョーク 卒業証書　二宮金次郎の写真　文部省唱歌	高校三年生 仰げば尊し 日の丸の旗
旅	汽車	「出発進行！」と男性利用者に言ってもらい 　笛を吹く 駅長帽子　笛	汽車 汽車ポッポ
	景色	名所旧跡の写真	丘を越えて 高原列車は行く
話	かみしばい 絵本 カレンダー 　の写真	絵が大きくわかりやすいものを利用する 話題づくりに四季折々の写真を使う	浦島太郎 金太郎 おうま ふじの山

音楽プログラム

年　月　日　時　分～　時　分

場所　参加人数　担当

	Plan		Do	Check	Action
	曲名	用意	実施	確認	改善
1 始まりの歌					
2 歌で体操					
3 四季の歌					
4 気分を変えて					
5 いろいろな歌					
6 終わりの歌					

楽曲集

青い山脈

西條 八十 作詞／服部 良一 作曲

青い山脈

西條 八十 作詞

一、若くあかるい
歌声に
雪崩《なだれ》は消える
花も咲く
青い山脈
雪割桜《ゆきわりざくら》
空のはて
今日もわれらの
夢を呼ぶ

二、古い上衣《うわぎ》よ
さようなら
淋《さみ》しい夢よ
さようなら
青い山脈
バラ色雲《いろぐも》へ
憧《あこが》れの
旅の乙女《おとめ》に
鳥も啼《な》く

赤とんぼ

三木 露風 作詞／山田 耕筰 作曲

C F C F C
ゆ う や け こ や け ー の あ か と ん ぼ
Am Em F C G7 C
お わ れ て み た の ー は ー い つ の ー ひ ー か

赤とんぼ

三木 露風 作詞

一、夕《ゆう》やけ小やけの　赤とんぼ
負《お》われて見たのは　いつの日か

二、山の畑の　桑《くわ》の実《み》を
小《こ》籠《かご》に摘《つ》んだは　まぼろしか

三、十五で姐《ねえ》やは　嫁《よめ》に行《ゆ》き
お里《さと》のたよりも　絶《た》えはてた

四、夕やけ小やけの　赤とんぼ
とまっているよ　竿《さお》の先《さき》

憧《あこが》れのハワイ航路

石本 美由起 作詞／江口 夜詩 作曲

憧《あこが》れのハワイ航路

石本 美由起 作詞

一、晴れた空　そよぐ風
港出船《でふね》の　ドラの音《ね》愉《たの》し
別れテープを
笑顔で切れば
希望《のぞみ》はてない
遥《はる》かな潮路《しおじ》
あゝ　憧《あこが》れの
ハワイ航路

二、波の背を　バラ色に
染めて真赤な　夕陽が沈む
一人デッキで
ウクレレ弾けば
歌もなつかし
あのアロハ・オエ
あゝ　憧れの
ハワイ航路

あめふり

北原 白秋 作詞／中山 晋平 作曲

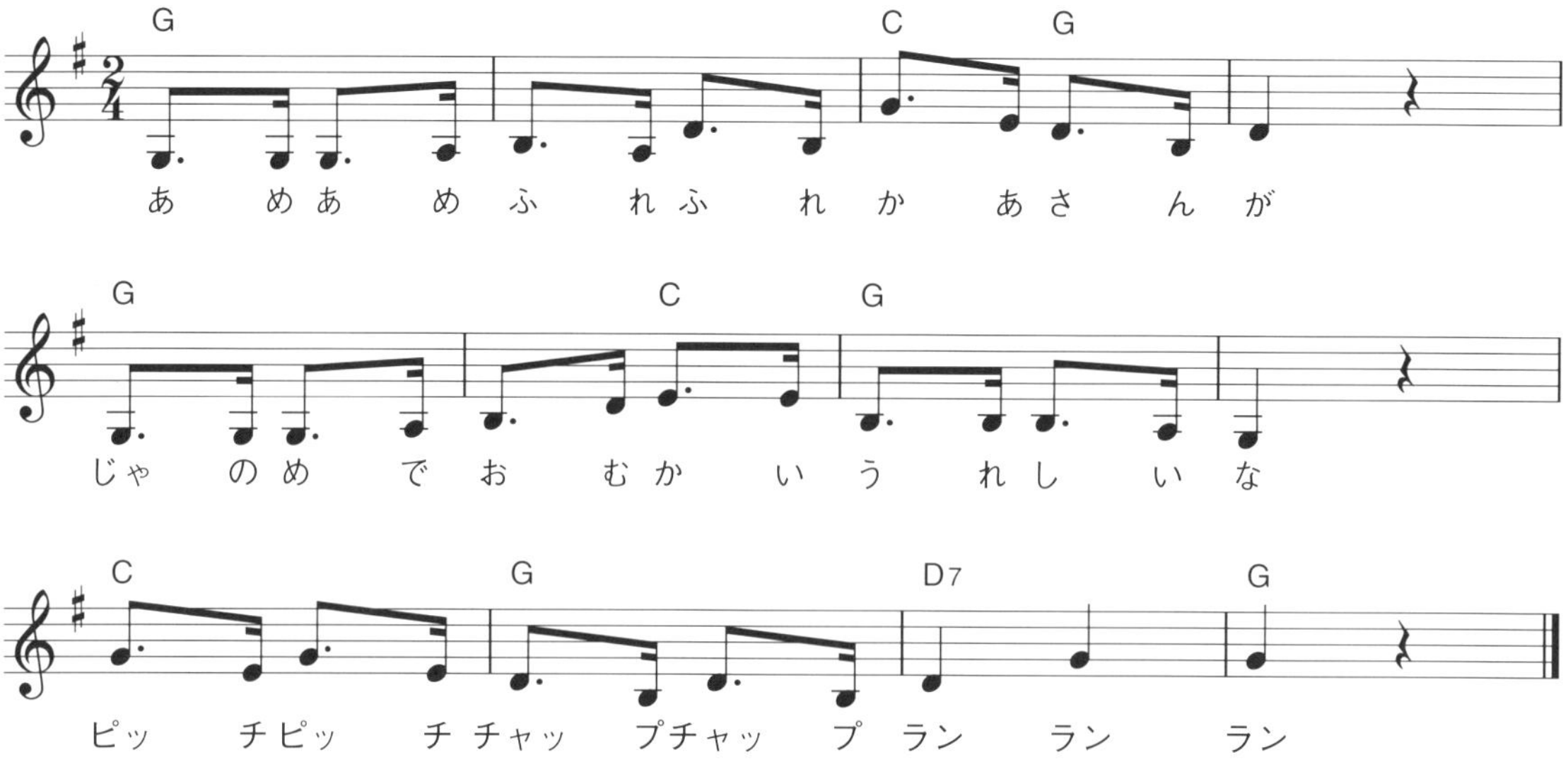

G C G
あ めあ め ふ れふ れ か あさ ん が
G C G
じゃ のめ で お むか い う れし い な
C G D7 G
ピッ チピッ チ チャッ プチャッ プ ラン ラン ラン

あめふり

北原 白秋 作詞

一、あめあめ ふれふれ かあさんが
じゃのめで おむかい うれしいな
ピッチピッチ チャップチャップ
ランランラン

二、かけましょ かばんを かあさんの
あとから ゆこゆこ かねがなる
ピッチピッチ チャップチャップ
ランランラン

うさぎ

わらべうた

う さ ぎ う さ ぎ な に み て は ね る
じゅ う ご や お つ き さ ま み て は ー ー ね る

うさぎ

わらべうた

うさぎ　うさぎ
なに見てはねる
十五夜《じゅうごや》お月さま
見てはねる

うさぎとかめ

石原 和三郎 作詞／納所 弁次郎 作曲

うさぎとかめ

石原 和三郎 作詞

一、もしもし亀《かめ》よ　亀《かめ》さんよ
世《せ》界《かい》のうちに　お前《まえ》ほど
歩《あゆ》みののろい　ものはない
どうしてそんなに　のろいのか

二、なんとおっしゃる　兎《うさぎ》さん
そんならお前《まえ》と　かけくらべ
むこうの小山《こやま》の　麓《ふもと》まで
どちらが先《さき》に　かけつくか

うさぎのダンス

野口 雨情 作詞／中山 晋平 作曲

G
ソ ソ ラ ソ ラ ソ ラ う さ ぎ の ダ ン ス
G
タ ラ ッ タ ラ ッ タ ラ ッ タ ラ ッ タ ラ ッ タ ラ ッ タ ラ
G
あ し で け り け り ピョ ッ コ ピョ ッ コ お ど る
G
D7
G
み み に は ち ま き ラ ッ タ ラ ッ タ ラ ッ タ ラ

うさぎのダンス

野口 雨情 作詞

一、ソソラ　ソラ　ソラ
兎《うさぎ》の　ダンス
タラッタ　ラッタ　ラッタ
ラッタ　ラッタ　ラッタラ
脚《あし》で　蹴《け》り蹴り
ピョッコ　ピョッコ　踊《おど》る
耳《みみ》に鉢巻《はちまき》
ラッタ　ラッタ　ラッタラ

二、ソソラ　ソラ　ソラ
かわいい　ダンス
タラッタ　ラッタ　ラッタ
ラッタ　ラッタ　ラッタラ
とんで　跳《は》ね跳ね
ピョッコ　ピョッコ　踊《おど》る
脚《あし》に赤靴《あかぐつ》
ラッタ　ラッタ　ラッタラ

うみ

林 柳波 作詞／井上 武士 作曲

C F C G7
うみは ひろいな おおきいな
C F G7 C
つきが のぼるし ひがしずむ

うみ

林 柳波 作詞

一、うみは ひろいな
大《おお》きいな
月《つき》が のぼるし
日《ひ》がしずむ

二、うみは 大《おお》なみ
あおい なみ
ゆれて どこまで
つづくやら

栄冠《えいかん》は君に輝く

加賀 大介 作詞／古関 裕而 作曲

栄冠《えいかん》は君に輝く

加賀 大介 作詞

一、雲はわき　光りあふれて
天たかく　純白のたま　今日ぞ飛ぶ
若人《わこうど》よ　いざ
まなじりは　歓呼《かんこ》にこたえ
いさぎよし　ほほえむ希望
ああ　栄冠は　君に輝く

二、風をうち　大地をけりて
くゆるなき　白熱の　力ぞ技《わざ》ぞ
若人よ　いざ
一球に一打にかけて
青春の　賛歌《さんか》をつづれ
ああ　栄冠は　君に輝く

おうま

林 柳波 作詞／松島 つね 作曲

C F C
お う ま の お や こ は な か よ し こ よ し
F C G7 C
い つ で も い っ しょ に ポッ ク リポッ ク リ あ る く

おうま

林 柳波 作詞

一、おうまの おやこは
なかよし こよし
いつでも いっしょに
ポックリ ポックリ あるく

二、おうまの かあさん
やさしい かあさん
こうまを みながら
ポックリ ポックリ あるく

大きな栗の木の下で

作詞者不詳／外国曲

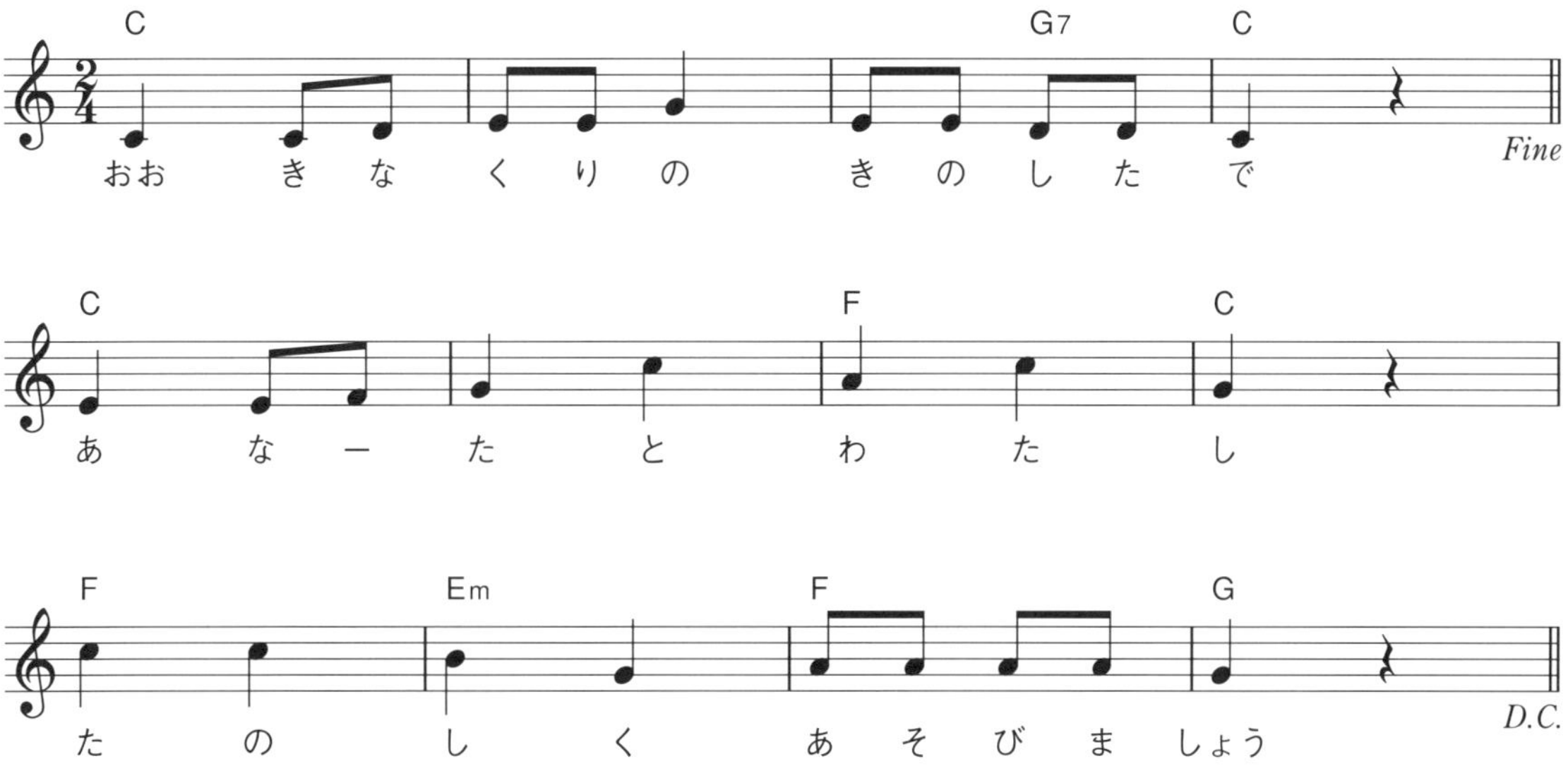

C G7 C
おおきなくりの　きのしたで
Fine
C F C
あなーたと　わたし
F Em F G
たのしく　あそびましょう
D.C.

大きな栗の木の下で

作詞者不詳

一、大きな栗の　木の下で
あなたと　わたし
楽しく　遊びましょう
大きな栗の　木の下で

二、大きな栗の　木の下で
おはなし　しましょう
みんなで　輪になって
大きな栗の　木の下で

丘を越えて

島田 芳文 作詞／古賀 政男 作曲

G C D7 G
おかをこえーてーゆこーよます
G C G
みのそーらはほがらかにはれてたの
D7 G D7 G
しいこころなるはむねのちーしおよ
C G C
たたえよわがはーるをいざゆけ
C G D7 G
はるかきぼうのーおかをこえーーてー

丘を越えて

島田 芳文 作詞

一、
丘を越えて 行《ゆ》こうよ
真澄《ますみ》の空は 朗《ほが》らかに晴れて
楽しいこころ 鳴るは胸の血《ち》潮《しお》よ
讃《たた》えよ わが青春《はる》を
いざゆけ 遥《はる》か希望の丘を越えて

二、
丘を越えて 行こうよ
小春《こはる》の空は 麗《うら》らかに澄みて
嬉《うれ》しいこころ 湧《わ》くは胸の泉よ
讃えよ わが青春を
いざ聞け 遠く希望の鐘は鳴るよ

おつかいありさん

関根 栄一 作詞／團 伊玖磨 作曲

C F C
あ んま り い そい で こ っつ ん こ
F G
あ りさん と あ りさん と こ っつ ん こ
C F G C
あっ ちいっ て ちょん ちょん こっ ち き て ちょん

おつかいありさん

関根 栄一 作詞

一、あんまり急いで　こっつんこ
ありさんと　ありさんと
こっつんこ
あっち行って　ちょん　ちょん
こっち来て　ちょん

二、あいたた　ごめんよ　そのひょうし
わすれた　わすれた
おつかいを
あっち行って　ちょん　ちょん
こっち来て　ちょん

おぼろ月夜

髙野 辰之 作詞／岡野 貞一 作曲

おぼろ月夜

髙野 辰之 作詞

一、菜の花畠《ばたけ》に　入日《いりひ》薄れ
見わたす山の端《は》　霞《かすみ》ふかし
春風そよふく　空をみれば
夕月かかりて　におい淡《あわ》し

二、里わの火影《ほかげ》も　森の色も
田中の小路《こみち》を　たどる人も
蛙《かわず》の鳴く音《ね》も　鐘の音《おと》も
さながらかすめる　おぼろ月夜

かえるの合唱

岡本 敏明 訳詞／ドイツ民謡

かえるの合唱

岡本 敏明 訳詞

かえるのうたが
きこえてくるよ
クヮッ　クヮッ　クヮッ　クヮッ
ケケケケ　ケケケケ
クヮッ　クヮッ　クヮッ

案山子《かかし》

武笠 三 作詞／山田 源一郎 作曲

C G C
や まだ の な ーか の いっ ぽん あ し の か か し
C G C G C
て んき の よ いの に み のか さ つ け て
F C G
あ さか ら ば んま で た だた ち ど お し
C G C
あ ーる け な いの か や まだ の か か し

案山子《かかし》

武笠 三 作詞

一、山田《やまだ》の中の 一本足《いっぽんあし》のかかし
天気のよいのに みの笠《かさ》つけて
朝から晩《ばん》まで ただ立ちどおし
歩《ある》けないのか 山田のかかし

二、山田の中の 一本足のかかし
弓矢《ゆみや》でおどして 力《りき》んで居《お》れど
山では烏《からす》が カアカと笑《わら》う
耳が無いのか 山田のかかし

カチューシャ

関 鑑子・丘 灯至夫 訳詞／ブランテル 作曲

カチューシャ

関 鑑子・丘 灯至夫 訳詞

一、りんごの花ほころび　川面《かわも》に霞《かすみ》たち
君なき里にも　春はしのびよりぬ
君なき里にも　春はしのびよりぬ

二、岸辺《きしべ》に立ちて歌う　カチューシャの歌
春風やさしくふき　夢がわくみ空よ
春風やさしくふき　夢がわくみ空よ

川の流れのように

秋元 康 作詞／見岳 章 作曲

G Em G Bm Am D7
1.しら ず しらず ある い てきた ほそ く ながい この みちー ふり
る ことは たび す ること おわ り のない この みちー あい
G Em Bm D7 G
か えれば はる か とおく ふ る さとがみえ る で
す るひと そば に つれて ゆ め さがしなが ら あ
Em Bm Em Bm
こ ぼこ みち や まが り くーねったみ ち
め にふ られ て ぬか る んーだみちで も
C Bm Em Am D7
ち ずさえ な い それもま た ーじんせ い
い つかは ま た はれるひ が ーくるか ら
D7 G Bm
ー あ あ かわのながれの よう にー ー ゆ る
ー あ あ かわのながれの よう にー ー お だ
Am Bm C D7
や かにー いくつも じ だいは すぎ て あ
や かにー このみを ま かせて いた い あ
G Bm
あ か わ の な が れ の よう にー ー と め
あ か わ の な が れ の よう にー ー う つ
Am Bm Cm D7
ど なくー そ らがーたそが れにー そ ま る だ
り ゆくー き せつーゆきど けをー ま ち な が

川の流れのように

秋元康 作詞

一、知らず知らず　歩いてきた
細く長い　この道
ふり返れば　遥《はる》か遠く
故郷《ふるさと》が見える
でこぼこ道や　曲がりくねった道
地図さえない　それもまた　人生
ああ　川の流れのように
ゆるやかに　いくつも　時代は過ぎて
ああ　川の流れのように
とめどなく　空が黄昏《たそがれ》に　染まるだけ

二、生きることは　旅すること
終わりのない　この道
愛する人　そばに連れて
夢探しながら
雨に降られて　ぬかるんだ道でも
いつかはまた　晴れる日が　来るから
ああ　川の流れのように
おだやかに　この身を　まかせていたい
ああ　川の流れのように
移《うつ》りゆく　季節　雪どけを　待ちながら
ああ　川の流れのように
おだやかに　この身を　まかせていたい
ああ　川の流れのように
いつまでも　青いせせらぎを　聞きながら

汽車ポッポ

富原 薫 作詞／草川 信 作曲

C G
きしゃきしゃ ポッポ ポッポ シュッポ シュッポ シュッポッポ
C G C F C
ぼくらをのせて シュッポ シュッポ シュッポッポ
G C G C
スピード スピード まどのそと
F C G
はたけもとぶとぶ いえもとぶ はし
C F
れ はしれ はしれ ー
C G C
てっきょうだ てっきょうだ たのしいな

汽車ポッポ

富原 薫 作詞

一、
汽車《きしゃ》 汽車 ポッポ ポッポ
シュッポ シュッポ シュッポッポ
ぼくらをのせて
シュッポ シュッポ シュッポッポ
スピード スピード 窓《まど》の外
畑《はたけ》もとぶとぶ 家《いえ》もとぶ
走《はし》れ 走れ 走れ
鉄橋《てっきょう》だ 鉄橋だ たのしいな

二、
汽車 汽車 ポッポ ポッポ
シュッポ シュッポ シュッポッポ
汽笛《きてき》をならし
シュッポ シュッポ シュッポッポ
ゆかいだ ゆかいだ いいながめ
野原《のはら》だ 林だ ほら 山だ
走れ 走れ 走れ
トンネルだ トンネルだ うれしいな

北国の春

いで はく 作詞／遠藤 実 作曲

G Am C G C G
しらかば あおぞーら みー な ーみーかー ぜ
C G Am D7 G
こぶしさく あのおか きたぐにの ああ きたぐにのーはー る
D7 G Em Am D7
き せつ がー とか いで は わからない だろ と
G Em G D7
と どい たー おふくろの ちいさ なつーつーー み あの
G Em G Am C G
ふ るさとへ かえろかな か えろーーー かな

北国の春

いではく 作詞

一、白樺《しらかば》　青空　南風
こぶし咲くあの丘　北国の
ああ北国の春
季節が都会では　わからないだろと
届いたおふくろの　小さな包み
あの故郷《ふるさと》へ　帰ろかな　帰ろかな

二、雪どけ　せせらぎ　丸《まる》木《き》橋《ばし》
からまつの芽がふく　北国の
ああ北国の春
好きだとお互いに　言い出せないまま
別れてもう五年　あの娘《こ》はどうしてる
あの故郷へ　帰ろかな　帰ろかな

北の宿から

阿久 悠 作詞／小林 亜星 作曲

北の宿から

阿久悠 作詞

一、あなた変わりは　ないですか
日毎《ひごと》寒さが　つのります
着てはもらえぬ　セーターを
寒さこらえて　編んでます
女心の　未練《みれん》でしょう
あなた恋しい　北の宿

二、吹雪《ふぶき》まじりに　汽車の音
すすり泣くよに　きこえます
お酒ならべて　ただひとり
涙唄《なみだうた》など　歌います
女心の　未練でしょう
あなた恋しい　北の宿

君恋し

時雨 音羽 作詞／佐々 紅華 作曲

君恋し

時雨 音羽 作詞

一、
宵《よい》やみせまれば
悩《なや》みは涯《はて》なし
乱《みだ》るる心に
うつるは誰《た》が影《かげ》
君恋《きみこい》し
くちびるあせねど
涙はあふれて
今宵《こよい》も更《ふ》けゆく

二、
唄声《うたごえ》すぎ行《ゆ》き
足音響《あしおとひび》けど
いずこに尋《たず》ねん
心の面影《おもかげ》
君恋し
思いはみだれて
苦《くる》しき幾夜《いくよ》を
誰《た》がため忍《しの》ばん

きらきら星

武鹿 悦子 訳詞／フランス民謡

きらきら星

武鹿　悦子　訳詞

一、きらきら光る
お空の星よ
まばたきしては
みんなを見てる
きらきら光る
お空の星よ

二、きらきら光る
お空の星よ
みんなの歌が
届くといいな
きらきら光る
お空の星よ

くつが鳴る

清水 かつら 作詞／弘田 龍太郎 作曲

C G
お て ー て つ な い で の み ー ち を ー ゆ け ー ば
C F C F C F
み ん ー な か わ ー い こ と り に ー な っ て
F C G
う た を う た ー え ば く つ ー が な る
F C G C
は れ た み そ ー ら に く つ ー が な る

くつが鳴る

清水 かつら 作詞

一、お手《て》々《て》つないで 野道《のみち》をゆけば
みんな可愛《かわ》い 小鳥になって
歌《うた》をうたえば 靴《くつ》がなる
晴《は》れたみ空に 靴がなる

二、花をつんでは お頭《つむ》にさせば
みんな可愛い うさぎになって
はねて踊《おど》れば 靴がなる
晴れたみ空に 靴がなる

荒城《こうじょう》の月

土井 晩翠 作詞／瀧 廉太郎 作曲

荒城《こうじょう》の月

土井 晩翠 作詞

一、
春高楼《はるこうろう》の　花《はな》の宴《えん》
めぐる盃《さかずき》　かげさして
千代《ちよ》の松《まつ》が枝《え》　わけいでし
むかしの光《ひかり》　いまいずこ

二、
秋陣営《あきじんえい》の　霜《しも》の色《いろ》
鳴《な》きゆく雁《かり》の　数《かず》見《み》せて
植《う》うる剣《つるぎ》に　照《て》りそいし
むかしの光　いまいずこ

三、
いま荒城《こうじょう》の　夜半《よわ》の月《つき》
かわらぬ光《ひかり》　誰《た》がためぞ
垣《かき》に残《のこ》るは　ただ葛《かずら》
松に歌《うた》うは　ただ嵐《あらし》

四、
天上影《てんじょうかげ》は　替《かわ》らねど
栄枯《えいこ》は移《うつ》る　世《よ》の姿《すがた》
写《うつ》さんとてか　今《いま》もなお
ああ荒城の　夜半の月

ここに幸《さち》あり

髙橋 掬太郎 作詞／飯田 三郎 作曲

G C G D7 G
あ らしも ふ けば あめーも ふー る
G C G D7 G
お んなの み ちよ なぜーけ わーーし
G A7 D B
き みを たよ り に わたしはーいき る
G C D7 G
ここにさ ちー あ りあ お ーいーそーー ら

ここに幸《さち》あり

髙橋 掬太郎 作詞

一、嵐も吹《ふ》けば 雨も降る
女の道よ なぜ険《けわ》し
君を頼《たよ》りに 私は生きる
ここに幸あり 青い空

二、誰にも言えぬ 爪《つめ》のあと
心にうけた 恋の鳥
ないてのがれて さまよい行《ゆ》けば
夜の巷《ちまた》の 風かなし

ことりのうた

与田 準一 作詞／芥川 也寸志 作曲

ことりのうた

与田 準一 作詞

一、ことりは　とっても
歌《うた》がすき
母《かあ》さん呼《よ》ぶのも
歌で呼ぶ
ピピピピピ　チチチチチ
ピチクリピィ

二、ことりは　とっても
歌がすき
父《とう》さん呼ぶのも
歌で呼ぶ
ピピピピピ　チチチチチ
ピチクリピィ

湖畔《こはん》の宿

佐藤 惣之助 作詞／服部 良一 作曲

Am Dm E7 Am
やまのさびしいみずうみに ひとりきたのも
Dm E7 Am
かなしいこころ むねのいたみにたえかねて
Dm E7 Am E7
きのうのゆめと たきーすーてーる
Am Dm E7 Am
ふるいてがみの うすーけむーり

湖畔《こはん》の宿

佐藤 惣之助 作詞

一、山の淋《さび》しい 湖に
ひとり来たのも 悲しい心
胸の痛みに 耐《た》えかねて
昨日《きのう》の夢と 焚《た》きすてる
古い手紙の うすけむり

二、水にたそがれ せまる頃
岸の林を 静かに行《ゆ》けば
雲は流れて むらさきの
薄きすみれに ほろほろと
いつか涙の 陽《ひ》がおちる

サザエさん

林 春生 作詞／筒美 京平 作曲

C
Dm
おさかなくわえたドラねこ おっかけてー
Em
Dm
C
はだしで かけてく ようきなサザエさん
F
C
みんながわらってる おひさまもわらってる
F
G7
C
ル ルルルルル ルー きょうもいいてんき

サザエさん

林 春生 作詞

一、お魚くわえたドラ猫《ねこ》 追《お》っかけて
素足《はだし》でかけてく 陽気《ようき》なサザエさん
みんなが笑ってる お日《ひ》さまも笑ってる
ルルルルル 今日《きょう》もいい天気

三、買物しようと 街まで出かけたが
財布《さいふ》を忘れて 愉快《ゆかい》なサザエさん
みんなが笑ってる 小犬も笑ってる
ルルルルル 今日もいい天気

サンタ・ルチア

堀内 敬三 日本語詞／ナポリ民謡

サンタ・ルチア

堀内 敬三 日本語詞

一、月は高く 海に照《て》り
風も絶《た》え 波《なみ》もなし
月は高く 海に照り
風も絶え 波もなし
来《こ》よや友《とも》よ 船《ふね》は待《ま》てり
サンタルチア サンタルチア
来よや友よ 船は待てり
サンタルチア サンタルチア

二、ほのかなる 潮《しお》の香《か》に
流《なが》るるは 笛《ふえ》の音《ね》か
ほのかなる 潮《しお》の香《か》に
流《なが》るるは 笛《ふえ》の音《ね》か
晴《は》れし空に 月は冴《さ》えぬ
サンタルチア サンタルチア
晴れし空に 月は冴えぬ
サンタルチア サンタルチア

幸せなら手をたたこう

木村 利人 作詞／アメリカ民謡

F
C7
しあわせならてをたたこう
しあ
C7
F
F
わせならてをたたこう
しあわせならたいどで
B♭
C7
F
しめそうよほらみんなでてをたたこう

幸せなら手をたたこう

木村 利人 作詞

一、幸《しあわ》せなら　手をたたこう
幸せなら　手をたたこう
幸せなら　態度《たいど》でしめそうよ
ほら　みんなで　手をたたこう

二、幸せなら　足ならそう
幸せなら　足ならそう
幸せなら　態度でしめそうよ
ほら　みんなで　足ならそう

四季の歌

荒木 とよひさ 作詞／作曲

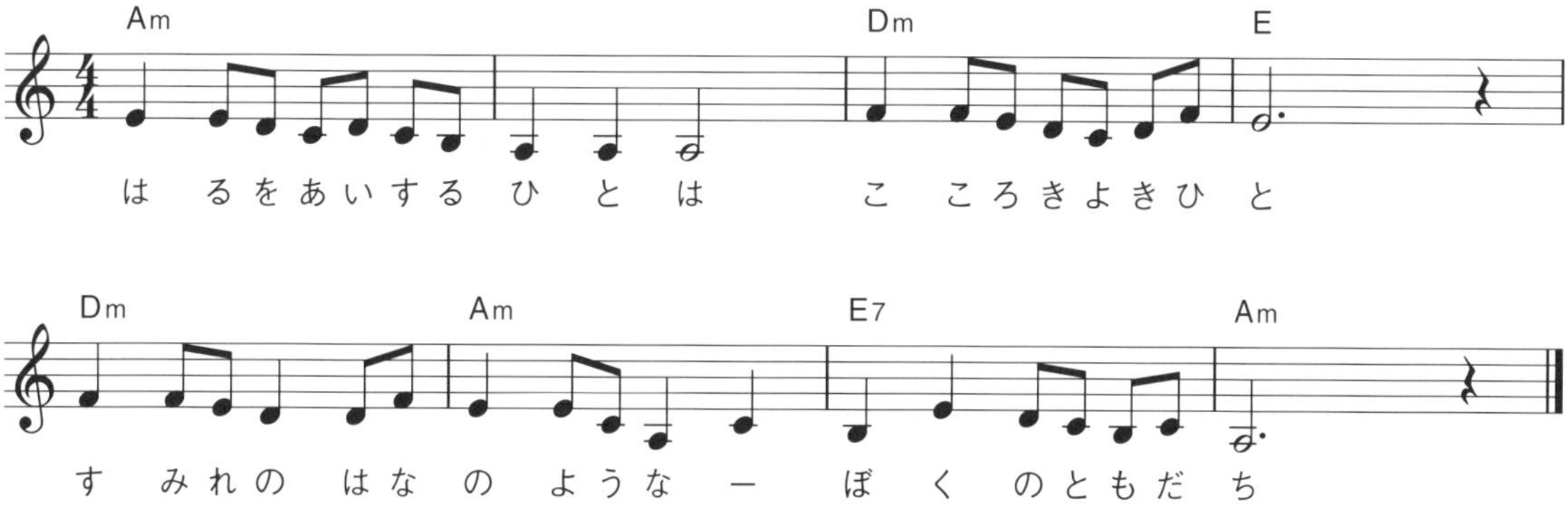

四季の歌

荒木 とよひさ 作詞

一、春を愛する人は　心清《こころきよ》き人
すみれの花のような
ぼくの友達

二、夏を愛する人は　心強《つよ》き人
岩をくだく波のような
ぼくの父親

三、秋を愛する人は　心深《ふか》き人
愛を語《かた》るハイネのような
ぼくの恋人

四、冬を愛する人は　心広《ひろ》き人
根雪《ねゆき》をとかす大地《だいち》のような
ぼくの母親

五、ラララララララ…

しずかな湖畔《こはん》

山北 多喜彦 訳詞／外国曲

しずかな湖畔《こはん》

山北 多喜彦 訳詞

一、静《しず》かな湖畔の
森《もり》のかげから
もう起《お》きちゃいかがと
かっこうが啼《な》く
カッコー　カッコー
カッコー　カッコー
カッコー

二、夜《よる》もふけたよ
おしゃべり止《や》めて
お休《やす》みなさいと
啼く　ふくろう
ホッホー　ホッホー
ホッホー　ホッホー
ホッホー

シャベルでホイ

サトウ ハチロー 作詞／中田 喜直 作曲

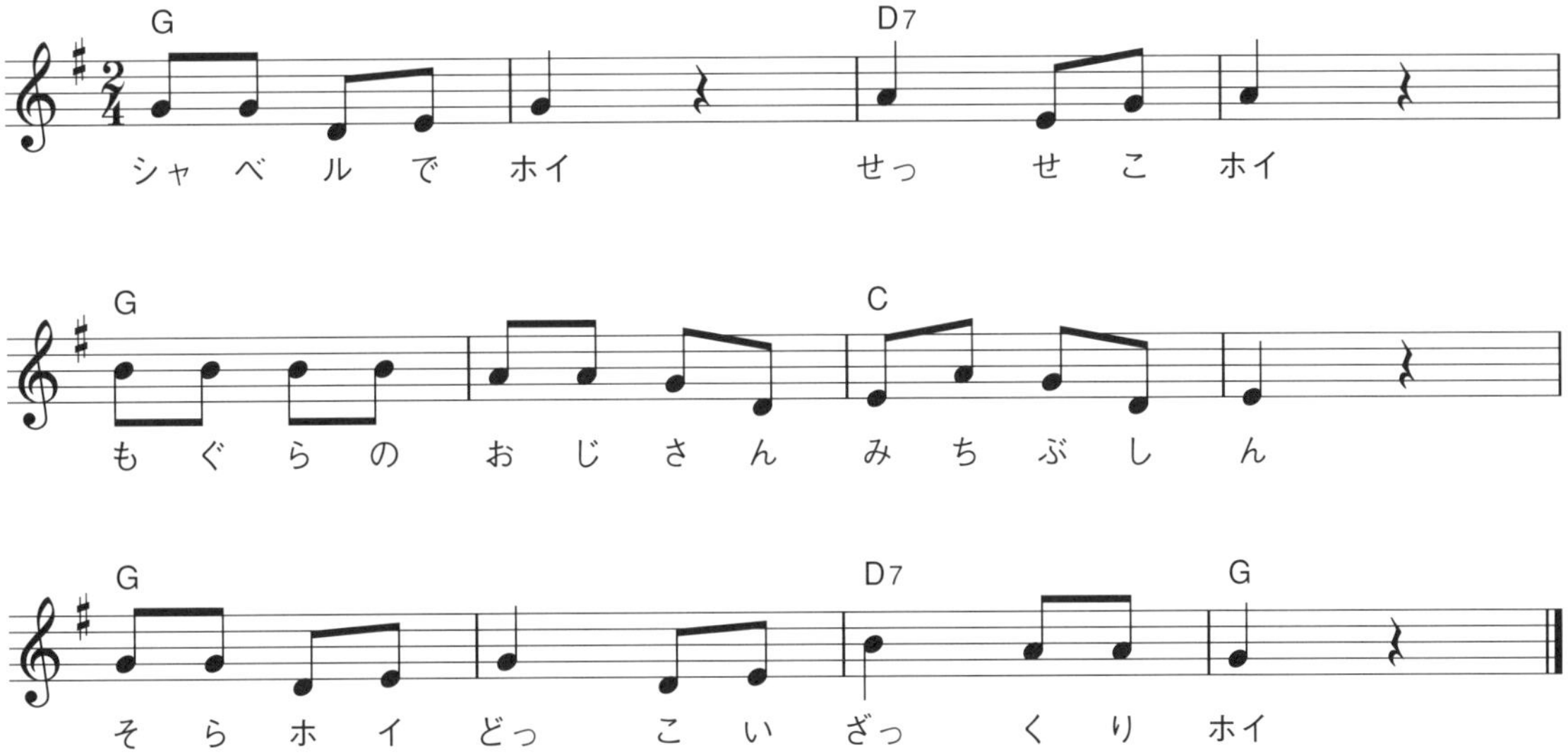

シャベルでホイ

サトウ ハチロー 作詞

一、シャベルでホイ
せっせこホイ
もぐらのおじさん
道《みち》普請《ぶしん》
そらホイ　どっこい
ざっくりホイ

二、朝からホイ
晩までホイ
もぐらのおじさん
休まずに
そらホイ　どっこい
ざっくりホイ

知床旅情《しれとこりょじょう》

森繁 久彌 作詞／作曲

知床旅情《しれとこりょじょう》

森繁 久彌 作詞

一、知床《しれとこ》の岬《みさき》に
はまなすの咲く頃
思い出しておくれ
俺たちのことを
飲《の》んで騒《さわ》いで
丘に登《のぼ》れば
はるか国後《クナシリ》に
白夜《びゃくや》はあける

二、旅の情《なさけ》か
飲むほどにさ迷《まよ》い
浜に出《で》て見れば
月は照《て》る波の上《え》
今宵《こよい》こそ君を
抱きしめんと
岩陰《いわかげ》に寄《よ》れば
ピリカが笑う

人生劇場

佐藤 惣之助 作詞／古賀 政男 作曲

人生劇場

佐藤 惣之助 作詞

一、やると思えば　どこまでやるさ
それが男の　魂《たましい》じゃないか
義理《ぎり》がすたれば　この世は闇《やみ》だ
なまじとめるな　夜の雨

二、あんな女に　未練《みれん》はないが
なぜか涙が　流《なが》れてならぬ
男ごころは　男でなけりゃ
わかるものかと　諦《あきら》めた

早春《そうしゅん》賦《ふ》

吉丸 一昌 作詞／中田 章 作曲

早春《そうしゅん》賦《ふ》

吉丸 一昌 作詞

一、春は名のみの　風の寒さや
谷の鶯《うぐいす》　歌は思えど
時にあらずと　声も立てず
時にあらずと　声も立てず

二、氷《こおり》解け去り　葦《あし》は角《つの》ぐむ
さては時ぞと　思うあやにく
今日もきのうも　雪の空
今日もきのうも　雪の空

蘇州《そしゅう》夜《や》曲《きょく》

西條 八十 作詞／服部 良一 作曲

G Am G A7 D7 C
きみがみむねに だかれてーきくは
C B7 E7 A7 D7
ゆめのふなうーた とりーのうーーーた
C G C E7 A7 D7 C
みーずのそしゅうーの はなちるーはるを
G6 A7 C G A7 G D7 G
おしむかーーやなぎーが すすーりーなーーく

蘇《そ》州《しゅう》夜《や》曲《きょく》

西條 八十 作詞

一、君がみ胸に 抱かれて聞くは
夢の船唄《ふなうた》 鳥の歌
水の蘇州《そしゅう》の 花散《ち》る春を
惜《お》しむか 柳がすすり泣く

二、花を浮かべて 流れる水の
明日《あす》の行方《ゆくえ》は 知らねども
今宵《こよい》映《うつ》した 二人の姿
消えてくれるな いつまでも

ソーラン節

北海道民謡

ヤー レン ソー ラン ソー ラン ソー ラン ソー ラン ソー ラン
ハイ ハイ にしん きたかと かもめに とえばー わたしゃ
たつとり エ ーなみ に ーきけ チョィ ヤサ エ ーエン
ヤ ーサー ノ ドッ コイ ショ ハー ドッコイショ ドッコイショ

ソーラン節

北海道民謡

一、ヤーレン　ソーラン　ソーラン　ソーラン　ソーラン
ソーラン　ソーラン　ハイ　ハイ
にしん来たかと　鴎《かもめ》に問えば
わたしゃ立つ鳥　エー波に聞けチョイ
ヤサエーエンヤーサーノ　ドッコイショ
ハードッコイショ　ドッコイショ

二、ヤーレン　ソーラン　ソーラン　ソーラン　ソーラン
ソーラン　ソーラン　ハイ　ハイ
沖で鴎の　鳴く声聞けば
船《ふな》乗《の》り稼業《かぎょう》は　エーやめられぬチョイ
ヤサエーエンヤーサーノ　ドッコイショ
ハードッコイショ　ドッコイショ

大こくさま

石原 和三郎 作詞／田村 虎蔵 作曲

大こくさま

石原 和三郎 作詞

一、おおきなふくろを　かたにかけ
だいこくさまが　きかかると
ここにいなばの　しろうさぎ
かわをむかれて　あかはだか

二、だいこくさまは　あわれがり
「きれいなみずに　みをあらい
がまのほわたに　くるまれ」と
よくよくおしえて　やりました

旅の夜風

西條 八十 作詞／万城目 正 作曲

旅の夜風

西條 八十 作詞

一、花も嵐も 踏《ふ》み越《こ》えて
行《ゆ》くが男の 生きる道
泣いてくれるな ほろほろ鳥よ
月の比叡《ひえい》を 独《ひと》り行く

二、優《やさ》しかの君 ただ独り
発《た》たせまつりし 旅の空
可愛い子供は 女の生命《いのち》
なぜに淋《さび》しい 子守唄

炭坑節《たんこうぶし》

福岡県民謡

炭坑節《たんこうぶし》

福岡県民謡

一、月が出た出た　月が出た
ヨイヨイ
三池《みいけ》炭坑の　上に出た
あんまり煙突《えんとつ》が　高いので
さぞやお月さん　けむたかろ
サノヨイヨイ

二、一山《ひとやま》　二山《ふたやま》　三山《みやま》　越え
ヨイヨイ
奥に咲いたる　八重《やえ》つばき
なんぼ色よく　咲いたとて
様《さま》ちゃんが通《かよ》わにゃ　仇《あだ》の花
サノヨイヨイ

ちょうちょう

野村 秋足・稲垣 千穎 作詞／スペイン民謡

C G C
ちょうちょう ちょうちょう なのはに とまれ
C G C
なのはに あいたら さくらに とまれ
G7 C
さくらの はなの はなから はなへ
C G C
とまれよ あそべ あそべよ とまれ

ちょうちょう

野村 秋足 作詞

一、ちょうちょう　ちょうちょう
菜《な》の葉《は》にとまれ
菜の葉に飽《あ》いたら　桜《さくら》にとまれ
桜の花《はな》の　花から花へ
とまれよあそべ　あそべよとまれ

稲垣 千穎 作詞

二、おきよ　おきよ
ねぐらのすずめ
朝日《あさひ》のひかりの　さしこぬさきに
ねぐらをいでて　こずえにとまり
あそべよすずめ　うたえよすずめ

東京音頭《おんど》

西條 八十 作詞／中山 晋平 作曲

東京音頭《おんど》

西條 八十 作詞

一、〽ハアー 踊りおどるなら
チョイト 東京音頭ヨイヨイ
花の都の 花の都の真中《まんなか》で
サテ
ヤートナソレ ヨイヨイヨイ
ヤートナソレ ヨイヨイヨイ

二、〽ハアー 花は上野よ
チョイト 柳は銀座ヨイヨイ
月は隅田《すみだ》の 月は隅田の屋形船《やかたぶね》
サテ
ヤートナソレ ヨイヨイヨイ
ヤートナソレ ヨイヨイヨイ

東京ラプソディ

門田 ゆたか 作詞／古賀 政男 作曲

Am
はなさきはなちるよいもーーぎんざの
Am E7 Am Dm
やなぎのしたでまーつーーは
Am
きみひとりきみひとりあえばゆ
E7 Am E7 Am
くーーティーールームー
A D A D
たのしみやこーこいの
A D E A
みやこーゆーーめのパラダイ
D A E7 A
スよはなのとーーきょう

東京ラプソディ

門田 ゆたか 作詞

一、花咲き花散る宵《よい》も
銀座の柳の下で
待つは君ひとり
君ひとり
逢《あ》えば行く
ティールーム
楽し都　恋の都
夢のパラダイスよ
花の東京

二、現《うつつ》に夢見る君よ
神田は想い出の街
いまもこの胸に
この胸に
ニコライの　鐘もなる
楽し都　恋の都
夢のパラダイスよ
花の東京

トロイカ

楽団カチューシャ 訳詞／ロシア民謡

Am E Am E
ゆ き のしらかばな みき ゆ う ひ が は え る は
Am Dm E Am
し れトロイカー ほ が ら か に す ず の ね た か く は
Am Dm E Am
し れトロイカー ほ が ら か に す ず の ね た か く

トロイカ

楽団カチューシャ 訳詞

一、雪の白樺並木《しらかばなみき》
夕陽《ゆうひ》が映《は》える
走れトロイカ　ほがらかに
鈴の音《ね》高く
走れトロイカ　ほがらかに
鈴の音高く

二、ひびけ若人《わこうど》の歌
高鳴《たかな》れバイヤン
走れトロイカ　かろやかに
粉雪《こなゆき》けって
走れトロイカ　かろやかに
粉雪けって

とんがり帽子

菊田 一夫 作詞／古関 裕而 作曲

みどりのおかの あかいーやね
とんがりぼうしのとけいだい
かねがなりますキンコンカン
メイメイこやぎもないてーます
かぜがそよそーよ
おかのいえ
きいろいおまーどは
おいらのいえよ

とんがり帽子

菊田 一夫 作詞

一、緑の丘の 赤い屋根
とんがり帽子の 時計台
鐘が鳴ります キンコンカン
メイメイ小山羊《こやぎ》も 鳴いてます
風がそよそよ 丘の家
黄色いお窓は おいらの家よ

二、緑の丘の 麦畑
おいらが一人で いる時に
鐘が鳴ります キンコンカン
鳴る鳴る鐘は 父母《ちちはは》の
元気でいろよと いう声よ
口笛《くちぶえ》吹いて おいらは元気

夏の思い出

江間 章子 作詞／中田 喜直 作曲

夏の思い出

江間 章子 作詞

一、夏がくれば　思い出す
はるかな尾瀬《おぜ》　遠い空
霧《きり》の中に　うかびくる
やさしい影　野の小径《こみち》
水芭蕉《みずばしょう》の花が　咲いている
夢見て咲いている　水のほとり
石楠花色《しゃくなげいろ》に　たそがれる
はるかな尾瀬　遠い空

二、夏がくれば　思い出す
はるかな尾瀬　野の旅よ
花の中に　そよそよと
ゆれゆれる　浮《う》き島《しま》よ
水芭蕉の花が　匂《にお》っている
夢見て匂っている　水のほとり
まなこつぶれば　なつかしい
はるかな尾瀬　遠い空

夏は来《き》ぬ

佐佐木 信綱 作詞／小山 作之助 作曲

G C G C G D G D
うのはなのにおうかきねにほととぎすはやもきなきて
G C G D7 G
しのびねもーらーすなつーはきぬ

夏は来《き》ぬ

佐佐木 信綱 作詞

一、卯《う》の花の 匂《にお》う垣根《かきね》に
時鳥《ほととぎす》 早《はや》も来《き》なきて
忍音《しのびね》もらす 夏は来ぬ

二、五月雨《さみだれ》の そそぐ山田《やまだ》に
早乙女《さおとめ》が 裳裾《もすそ》ぬらして
玉苗《たまなえ》ううる 夏は来ぬ

七つの子

野口 雨情 作詞／本居 長世 作曲

C G Am G C Am G
か ら ー す　な ぜ な く の　か ら す は や ま に
や ま ー の　ふ ー る す へ　いっ て み て ご ら ん
C Dm G7 C
か わ い い な な ー つ の こ が あ る か ら よ
ま ー る い め を ー し た い ー い ー こ だ よ
Fine
G E7 Am
か わ い か わ い と か ら す は な く の
G C Dm G
か わ い か わ い と な く ん だ よ
D.C al Fine

七つの子

野口 雨情 作詞

からすなぜ啼《な》くの　からすは山に
かわいい七つの　子があるからよ
かわいかわいと　からすは啼くの
かわいかわいと　啼くんだよ
山の古巣へ　行ってみてごらん
まるい眼をした　いい子だよ

野ばら

近藤 朔風 訳詞／ウェルナー 作曲

C G7 C F C
わ ら べ ー は み た り の な か ー の ば ら
G C E7 Am C G
き よ ら に さ け る そ の い ー ろ め で つ
C G C F
あ か ず ー な が む く れ な い
G Am F C G7 C
に ー お う の な か の ば ー ー ら

野ばら

近藤 朔風 訳詞

一、童《わらべ》は見たり　野中《のなか》のばら
清らに咲ける　その色愛《め》でつ
あかずながむ
紅《くれない》におう　野中のばら

二、手《た》折《お》りて行かん　野中のばら
手折らば手折れ　思い出ぐさに
君を刺《さ》さん
紅におう　野中のばら

花

武島 羽衣 作詞／瀧 廉太郎 作曲

1.は るの う らーらーの すーみーだ が わ の ぼり く
だーりーの ふ なび と が か いの し ず くも は
な と ち る な がめ を なーにーに た とーう べ き
2.み ずや あ けーぼーの つーゆーあ び て わ れに も
のーゆーう さ くら ぎ を み ずや ゆ う ぐれ て
を のべ て わ れさ し まーねーく あ おーや ぎ を
3.に しき お りーなーす ちょうーーて い に く るれ ば
のーぼーる お ぼろ づ き げ にい っ こ くも せ
ん きん の な がめ を なーにーに た とう べ き

花

武島 羽衣 作詞

一、春のうららの　隅田《すみだ》川
のぼりくだりの　船人《ふなびと》が
櫂《かい》のしずくも　花と散る
眺《なが》めを何に　喩《たと》うべき

二、見ずやあけぼの　露《つゆ》浴《あ》びて
われにもの言う　桜木《さくらぎ》を
見ずや夕暮《ゆうぐ》れ　手をのべて
われさしまねく　青柳《あおやぎ》を

三、錦《にしき》織《お》りなす　長堤《ちょうてい》に
暮《く》るればのぼる　おぼろ月
げに一刻《いっこく》も　千金《せんきん》の
眺めを何に　喩うべき

浜辺の歌

林 古渓 作詞／成田 為三 作曲

C F C G
あ し たーは まーべ ー を さー ま ー よ えー ば ー む
C F C G7 C
か しーの こー と ー ぞ しー の ー ば る る ー か
G C F G
ぜ の お ー と よ く も の さ ま よ ー よ
C F C G7 C
す るーな ーー み ー も かー い の い ろ も ー

浜辺の歌

林 古渓 作詞

一、あした浜辺を　さまよえば
　昔のことぞ　忍《しの》ばるる
　風の音よ　雲のさまよ
　寄《よ》する波も　貝の色も

二、ゆうべ浜辺を　もとおれば
　昔の人ぞ　忍ばるる
　寄する波よ　返す波よ
　月の色も　星の影《かげ》も

バラが咲いた

浜口 庫之助 作詞／作曲

C
バラがさいた バラがさいた まっかなバラーが
F C G7 C
さびしかった ぼくのにわに バラがさいた
C
たったひとつ さいたバラ ちいさなバラーで
F C G7 C
さびしかった ぼくのにわが あかるくなった
F Em Dm C
バラよーバラよ ちいさなーバラ
E7 Am D7 G7
そのままで そこにさいてておくれ
C
バラがさいた バラがさいた まっかなバラーが
F C G7 C
さびしかった ぼくのにわに バラがさいた

バラが咲いた

浜口 庫之助 作詞

一、バラが咲いた　バラが咲いた
まっ赤なバラが
さびしかった　ぼくの庭に
バラが咲いた
たった一つ　咲いたバラ
小さなバラで
さびしかった　ぼくの庭が
明るくなった
バラよバラよ　小さなバラ
そのままで　そこに咲いてておくれ
バラが咲いた　バラが咲いた
まっ赤なバラが
さびしかった　ぼくの庭に
バラが咲いた

二、バラが散った　バラが散った
いつの間にか
ぼくの庭は　前のように
さびしくなった
ぼくの庭の　バラは散って
しまったけれど
さびしかった　ぼくの心に
バラが咲いた
バラよバラよ　心のバラ
いつまでも　ここで咲いてておくれ
バラが咲いた　バラが咲いた
ぼくの心に
いつまでも　散らない
まっ赤なバラが

琵《び》琶《わ》湖《こ》周航《しゅうこう》の歌

小口 太郎 作詞／吉田 千秋 作曲

琵《び》琶《わ》湖《こ》周航《しゅうこう》の歌

小口 太郎 作詞

一、我《われ》は湖《うみ》の子　さすらいの
旅《たび》にしあれば　しみじみと
昇《のぼ》る狭霧《さぎり》や　さざ波《なみ》の
滋賀《しが》の都《みやこ》よ　いざさらば

二、松《まつ》は緑《みどり》に　砂白《すなしろ》き
雄松《おまつ》が里《さと》の　乙女子《おとめご》は
赤《あか》い椿《つばき》の　森《もり》かげに
はかない恋《こい》に　泣《な》くとかや

ふじの山

巌谷 小波 作詞／文部省唱歌

ふじの山

巌谷 小波 作詞

一、頭を雲の　上に出し
四方《しほう》の山を　見おろして
かみなりさまを　下に聞く
富士は日本一の山

二、青空高く　そびえ立ち
からだに雪の　きもの着て
かすみのすそを　遠く引く
富士は日本一の山

二人は若い

サトウ ハチロー 作詞／古賀 政男 作曲

C C
あ な ーた と ーよ べ ーば あな ーた と ー
C G7 Am G
こ た え る やま のこ だ ーー ま ー ーの
C G7 C G7 C C
う れ ーし ーさ ー よ あな ーた な ー んだい
F C G7 C
そ ら は あ お ぞ ら ふ たり はわ か ー い

二人は若い

サトウ ハチロー 作詞

一、（女）「あなた」と呼べば
（男）「あなた」と答える
（一緒）山のこだまの　嬉《うれ》しさよ
（女）「あなた」
（男）「なんだい」
（一緒）空は青空　二人は若い

二、（女）「ちょいと」と呼べば
（男）「ちょいと」と答える
（一緒）山のこだまの　いとしさよ
（女）「ちょいと」
（男）「なによ」
（一緒）風はそよ風　二人は若い

冬景色

文部省唱歌

冬景色

文部省唱歌

一、さ霧《ぎり》消《き》ゆる　湊江《みなとえ》の
舟に白し　朝の霜《しも》
ただ水鳥《みずとり》の　声はして
いまだ覚《さ》めず　岸の家

二、烏啼《からすな》きて　木に高く
人は畑《はた》に　麦を踏《ふ》む
げに小春日《こはるび》の　のどけしや
かえり咲きの　花も見ゆ

冬の夜《よ》

文部省唱歌

C G
と もし びー ち ーか く き ぬぬ うー は はは
C G C
は ーる のー あ そび の た のし さ か たる
C G
い なら ぶー こ ども は ゆ ーび をー お りつつ
C G C
ひ ーか ずー か ぞえ て よ ろこ び い さむ
G C G C
い ろりびはー とーろ とーろ そ ーとーはー ふーぶーき

冬の夜《よ》

文部省唱歌

一、燈火《ともしび》ちかく　衣《きぬ》縫《ぬ》う母は
春の遊びの　楽しさ語《かた》る
居並《いなら》ぶ子どもは
指を折りつつ
日数《ひかず》かぞえて　喜び勇《いさ》む
囲炉裏火《いろりび》は　とろとろ
外は吹雪《ふぶき》

二、囲炉裏の端《はた》に　縄《なわ》なう父は
過ぎしいくさの　手柄《てがら》を語る
居並ぶ子どもは
ねむさ忘れて
耳を傾《かたむ》け　こぶしを握《にぎ》る
囲炉裏火は　とろとろ
外は吹雪

故郷《ふるさと》

高野 辰之 作詞／岡野 貞一 作曲

C G C
う さ ぎ お い し か の や ま
F C G C
こ ぶ な つ り し か の か わ
G C F C
ゆ ー め は い ー ま も め ー ぐ ー り ー て
C G C
わ す れ が た き ふ る さ と

故郷《ふるさと》

高野 辰之 作詞

一、うさぎ追いし かの山
小鮒《こぶな》釣りし かの川
夢《ゆめ》は今も めぐりて
忘《わす》れがたき 故郷《ふるさと》

二、いかにいます 父母《ちちはは》
恙《つつが》なしや 友がき
雨に風に つけても
思いいずる 故郷

三、こころざしを 果《はた》して
いつの日にか 帰らん
山は青き 故郷
水は清《きよ》き 故郷

ぶんぶんぶん

村野 四郎 訳詞／ボヘミア民謡

ぶんぶんぶん

村野 四郎 訳詞

一、ぶん　ぶん　ぶん
はちがとぶ
お池のまわりに
野ばらが　咲いたよ
ぶん　ぶん　ぶん
はちがとぶ

二、ぶん　ぶん　ぶん
はちがとぶ
朝つゆきらきら
野ばらが　揺《ゆ》れるよ
ぶん　ぶん　ぶん
はちがとぶ

ほたるこい

わらべうた

ほたるこい

わらべうた

ほ　ほ　ほたるこい
あっちのみずは　にがいぞ
こっちのみずは　あまいぞ
ほ　ほ　ほたるこい

みなと

旗野 十一郎 作詞／吉田 信太 作曲

G
そ ー ら も　み な と も　よ は は れ　て
G　C　G　D
つ ー き に　か ず ま す　ふ ね の か　げ
G　D
は し け の　か よ い　に ぎ や か　に
G　D　G
よ せ く る　な ー み も　こ が ね な　り

みなと

旗野十一郎 作詞

一、空も港も　夜《よ》は晴《は》れて
月に数《かず》ます　船のかげ
端艇《はしけ》の通《かよ》い　にぎやかに
寄せくる波も　黄金《こがね》なり

二、林なしたる　帆柱《ほばしら》に
花と見まごう　船旗章《ふなじるし》
積荷《つみに》の歌の　にぎわいて
港はいつも　春なれや

港が見える丘

東 辰三 作詞／作曲

C　Am　Em　C　Am
あ なた とふ たり で き た お か は み なと がみ える お か い ろ
C　Am　C　G7　C
あ せ た さ く ら た だひ とつ さ び し く さ い て いー た ふ ね
C　Dm　C　G7
の き てーき む せ びな けーば チラ リホ ラリ と は な び ら あ な
C　F　C　G7　C
た と わ た し に ふ り か かーる はる のご ごで し た

港が見える丘

東 辰三 作詞

一、あなたと二人で　来た丘は
港が見える丘
色あせた桜　ただ一つ
淋《さび》しく　咲いていた
船の汽笛《きてき》　むせび泣けば
チラリホラリと　花びら
貴方《あなた》と私に　ふりかかる
春の午後でした

二、あなたと別れた　あの夜は
港が暗い夜
青白《あおじろ》い灯《あか》り　ただ一つ
桜を　照《て》らしてた
船の汽笛　消えて行《ゆ》けば
チラリホラリと　花びら
涙の雫《しずく》に　きらめいた
霧《きり》の夜でした

めだかの学校

茶木 滋 作詞／中田 喜直 作曲

C　G　C　F　C　F
め だ か　の がっ こう は　か わ の　な か　そ　っ と の ぞ い て
C　F　C　G　C
み て ご ら ん　そ　っ と の ぞ い て　み て ご ら ん　み ん な で お ゆ う ぎ　し て い る よ

めだかの学校

茶木 滋 作詞

一、めだかの学校は　川のなか
そっとのぞいて　みてごらん
そっとのぞいて　みてごらん
みんなでおゆうぎ　しているよ

二、めだかの学校の　めだかたち
だれが生徒か　先生か
だれが生徒か　先生か
みんなでげんきに　あそんでる

紅葉《もみじ》

髙野 辰之 作詞／岡野 貞一 作曲

C G C G C G
あ きのゆ う ひ に て るーや ま も みーじ
C G C G C
こ いもう す い も か ずーあ る な か に
C G
ま つをい ろ ど る か えーで やー つ た は
C G C
や まのふ も と の す そーも よ う

紅葉《もみじ》

髙野 辰之 作詞

一、秋の夕日に　照《て》る山紅葉《やまもみじ》
濃《こ》いも薄《うす》いも　数ある中に
松をいろどる　楓《かえで》や蔦《つた》は
山のふもとの　裾模様《すそもよう》

二、渓《たに》の流れに　散り浮く紅葉
波にゆられて　離《はな》れて寄《よ》って
赤や黄色の　色さまざまに
水の上にも　織《お》る錦《にしき》

森の水車

清水 みのる 作詞／米山 正夫 作曲

森の水車

清水 みのる 作詞

一、緑の森の　彼方《かなた》から
陽気《ようき》な唄が　聞こえましょう
あれは水車の　廻《まわ》る音
耳をすまして　お聞きなさい
＊コトコトコットン
コトコトコットン
ファミレドシドレミファ
コトコトコットン
コトコトコットン
仕事に励《はげ》みましょう
コトコトコットン
コトコトコットン
何時《いつ》の日か
楽しい春が　やってくる

二、雨の降《ふ》る日も　風の夜《よ》も
森の水車は　休みなく
粉挽《こなひ》き臼《うす》の　拍子《ひょうし》とり
愉快《ゆかい》な歌を　つづけます
＊（くり返し）

椰子《やし》の実

島崎 藤村 作詞／大中 寅二 作曲

C G C G C F C
1.なもしらぬ　とおきしまより　ながれよるや
2.もとのきは　おいやしげれる　えだはなおか
3.みをとりて　むねにあつれば　あらたなりりゅ
C G C G7 C7
しのみひとつ　ふるさとのきしを　はなれてな
げをやなせる　われもまたなぎさを　まくらひ
うりのうれい　うみのひのしずむを　みればた
1.2. 3.
F C G G7 C G7 C F C
れはそもなみにいくつき
とりみのうきねのたびぞ
ぎりおついきょうの　なみだ　おもいやるやえのし
C G7 C F G7 C
おじおい　ずれのひにーかくにーにかえらん

椰子《やし》の実

島崎 藤村 作詞

一、名も知らぬ　遠《とお》き島より
流れ寄《よ》る　椰子《やし》の実《み》ひとつ
故郷《ふるさと》の　岸《きし》をはなれて
汝《なれ》はそも　波《なみ》に幾月《いくつき》

二、旧《もと》の樹《き》は　生《お》いや茂《しげ》れる
枝《えだ》はなお　影《かげ》をやなせる
われもまた　渚《なぎさ》を枕《まくら》
ひとり身《み》の　浮寝《うきね》の旅《たび》ぞ

三、実をとりて　胸《むね》にあつれば
新《あら》たなり　流離《りゅうり》の憂《うれ》い
海の日の　沈《しず》むを見れば
たぎり落《お》つ　異郷《いきょう》の涙《なみだ》
思いやる　八重《やえ》の汐々《しおじお》
いずれの日にか　国に帰《かえ》らん

山の音楽家

水田 詩仙 訳詞／ドイツ民謡

山の音楽家

水田 詩仙 訳詞

一、わたしゃ音楽家　山のこりす
上手《じょうず》にヴァイオリン　ひいてみましょう
キュキュ　キュッキュッキュッ
キュキュ　キュッキュッキュッ
キュキュ　キュッキュッキュッ
キュキュ　キュッキュッキュッ
いかがです

二、わたしゃ音楽家　山のことり
上手にフルート　ふいてみましょう
ピピ　ピッピッピッ
ピピ　ピッピッピッ
ピピ　ピッピッピッ
ピピ　ピッピッピッ
いかがです

有楽町《ゆうらくちょう》で逢《あ》いましょう

佐伯 孝夫 作詞／吉田 正 作曲

Gm Cm D7 Gm D7
あ なた をま てば あ めが ーふる ぬ れて こぬ かと き に かかるー
Gm Cm D7 Gm
あ あ ー ビル のほ とり の ティーール ー ム ー
D7 Gm Cm D7
あめ もい とし やー うた って るー あ まい ブル ー ス
Gm Cm D Gm Cm D7 Gm
あ なた とわ たし の あ いこ とば ゆ うら くちょ うで あ いま しょう

有楽町《ゆうらくちょう》で逢《あ》いましょう

佐伯 孝夫 作詞

一、あなたを待てば　雨が降る
濡《ぬ》れて来《こ》ぬかと　気にかかる
ああ　ビルのほとりのティー・ルーム
雨も愛《いと》しや　唄ってる
甘いブルース
あなたと私の合言葉《あいことば》
「有楽町で逢いましょう」

二、心にしみる　雨の唄
駅のホームも　濡れたろう
ああ　小窓《こまど》にけむるデパートよ
今日の映画《シネマ》は　ロードショウ
かわす囁《ささや》き
あなたと私の合言葉
「有楽町で逢いましょう」

雪

文部省唱歌

雪

文部省唱歌

一、雪やこんこ　霰《あられ》やこんこ
降《ふ》っては　降っては
ずんずん積《つ》もる
山も野原も　綿《わた》帽《ぼう》子《し》かぶり
枯《かれ》木《き》残らず　花が咲く

二、雪やこんこ　霰やこんこ
降っても　降っても
まだ降りやまぬ
犬はよろこび　庭駈《か》けまわり
猫は炬《こ》燵《たつ》で　丸くなる

宵待草《よいまちぐさ》

竹久 夢二 作詞／多 忠亮 作曲

Em Am Em B7 Em
ま ー て ど く ら せ ど こ ー ぬ ひ ー と を
Em B7 Em
よ い ま ち ぐ ー さ の や る せ ー な さ
Em B7 Em B7 Em
こ よ い は つ ー き も で ぬ そ う な

宵待草《よいまちぐさ》

竹久 夢二 作詞

待《ま》てど 暮《くら》せど
来《こ》ぬひとを
宵待草の やるせなさ
こよいは 月も
出ぬそうな

喜びの歌

岩佐 東一郎 訳詞／ベートーヴェン 作曲

C G C G
は れ た る あ お ぞ ら た だ よ う く も よ
C G C G7 C
こ と り は う た え り は や し に も り に
G C G C G E7 Am G
こ こ ろ は ほ が ー ら か よ ろ ー こ び み ち て み
C G C G7 C
ー か わ す わ れ ら の あ か る き え が お

喜びの歌

岩佐東一郎 訳詞

一、晴《は》れたる青空　ただよう雲よ
小鳥は歌えり　林に森に
心はほがらか　喜《よろこ》びみちて
見かわす我《われ》らの　明《あか》るき笑顔《えがお》

二、花咲《さ》く丘辺《おかべ》に　いこえる友よ
吹く風さわやか　みなぎる日差《ひざ》し
心は楽しく　しあわせあふれ
響《ひび》くは我らの　喜びの歌

旅愁《りょしゅう》

犬童 球渓 訳詞／オードウェイ 作曲

C F C G
ふ けゆく あ きのよ た びのそ らーの
C F C G7 C
わ びしき おもいに ひ とりな やむ
Fine
F G C F C G
こ いしや ふ るさと なつかしちーちは は
C F C G7 C
ゆ めじに たどるは さ とのい えじ
D.C.

旅愁《りょしゅう》

犬童 球渓 訳詞

一、更《ふ》け行く秋の夜《よ》 旅の空の
わびしき思いに ひとりなやむ
恋しや故郷《ふるさと》 懐《なつ》かし父母《ちちはは》
夢路《ゆめじ》にたどるは 故郷《さと》の家路《いえじ》
更け行く秋の夜 旅の空の
わびしき思いに ひとりなやむ

二、窓うつ嵐《あらし》に 夢も破《やぶ》れ
遥《はる》けき彼方《かなた》に 心迷《こころまよ》う
恋しや故郷 懐かし父母
思《おも》いに浮かぶは 杜《もり》の木《こ》ずえ
窓うつ嵐に 夢も破れ
遥けき彼方に 心迷う

リンゴの唄

サトウ ハチロー 作詞／万城目 正 作曲

リンゴの唄

サトウ ハチロー 作詞

一、赤いリンゴに 唇《くちびる》よせて
黙《だま》って見ている 青い空
リンゴはなんにも
言わないけれど
リンゴの気持ちは よくわかる
リンゴ可愛《かわい》や 可愛やリンゴ

二、あの娘《こ》よい子だ 気立《きだて》のよい娘
リンゴによく似た 可愛い娘
どなたが言ったか
うれしい噂《うわさ》
軽いクシャミも とんで出る
リンゴ可愛や 可愛やリンゴ

別れのブルース

藤浦 洸 作詞／服部 良一 作曲

まどをあければ
みなとがみえる
メリーケン　はとばの
ひがーみーえーる
よ　かぜ　しーおーかーぜ
こいーかぜーーのせーて
きょうので　ふーね　ーーーは
どこーへ　ゆく
むせぶこころーよ
はかーな　いこい　ーよ
おどるブルースの
せつーな　さーよ

別れのブルース

藤浦 洸 作詞

一、窓《まど》を開《あ》ければ　港《みなと》が見《み》える
メリケン波止場《はとば》の　灯《ひ》が見える
夜風《よかぜ》　汐風《しおかぜ》　恋風《こいかぜ》のせて
今日《きょう》の出船《でふね》は　どこへ行《ゆ》く
むせぶ心よ　はかない恋《こい》よ
踊《おど》るブルースの　切《せつ》なさよ

二、腕《うで》にいかりの　いれずみほって
やくざに強《つよ》い　マドロスの
お国言葉《くにことば》は　違《ちが》っていても
恋には弱《よわ》い　すすり泣《な》き
二度《にど》と逢《あ》えない　心と心
踊るブルースの　切なさよ

われは海の子

文部省唱歌

われは海の子

文部省唱歌

一、われは海の子　白浪《しらなみ》の
さわぐ磯辺《いそべ》の　松原《まつばら》に
煙《けむり》たなびく　苫屋《とまや》こそ
わがなつかしき　住家《すみか》なれ

二、生《う》まれて潮《しお》に　ゆあみして
浪《なみ》を子守《こもり》の　歌と聞《き》き
千里《せんり》よせくる　海の気《き》を
吸《す》いて童《わらべ》と　なりにけり

索　引

（歌いだしの音と年代）

曲名	歌い出し	年代	楽譜頁
【あ】ああそれなのに	ミ	昭 11	
アイアイ	レ	昭 37	
愛国行進曲	ド	昭 12	
会津磐梯山	ファ	ー	
アヴィニヨンの橋で	ド	ー	
青い山脈	ラ	昭 24	94
青い背広で	ミ	昭 12	
仰げば尊し	ミ	明 17	
赤い靴	ラ	大 10	
赤い鳥小鳥	ド	大 7	28
アカシアの雨が止む時	ラ	昭 35	
赤とんぼ	ソ	昭 2	95
赤鼻のトナカイ	レ	ー	
秋の夜半	ソ	明 43	
憧れのハワイ航路	ソ	昭 23	96
朝はどこから	ラ	昭 21	
あざみの歌	ソ	昭 24	
アニー・ローリー	シ	明 17	
あの町この町	ラ	大 14	
雨	ド	大 7	
雨に咲く花	レ	昭 10	
雨のブルース	ラ	昭 13	
あめふり	ソ	大 14	98
雨降りお月さん	ソ	大 14	
或る雨の午後	ド	昭 14	
アルプス一万尺	ファ	ー	
アロハ・オエ	ソ	ー	
あんたがたどこさ	ラ	ー	
【い】いい日旅立ち	ソ	昭 53	
いい湯だな	ソ	昭 41	
異国の丘	ラ	昭 23	
潮来笠	ド	昭 35	
一月一日	ソ	明 26	
一 二の三	ド	ー	43
五木の子守唄	ソ	ー	
一週間	ド	ー	
いつでも夢を	レ	昭 37	
一杯のコーヒーから	ソ	昭 14	
【う】上を向いて歩こう	ド	昭 36	
うぐいす	ド	昭 16	
うさぎ	ド	明 25	99
うさぎとかめ	レ	明 34	100
うさぎのダンス	シ	大 13	101
牛若丸	ミ	明 44	30
うちの女房にゃ髭がある	ソ	昭 11	
美しき天然	ラ	明 38	
うみ	ミ	昭 16	102
海	ド	大 2	
海行かば	レ	昭 12	
うめぼしのうた	ド	ー	
浦島太郎	ソ	明 44	42
うれしいひなまつり	ミ	昭 11	
【え】栄冠は君に輝く	レ	昭 24	103
エーデルワイス	シ	昭 34	
江戸子守歌	ラ	ー	
襟裳岬	シ	昭 49	
【お】王将	ソ	昭 36	
おうま	ミ	昭 16	104
お江戸日本橋	ミ	ー	
大きな栗の木の下で	ド	ー	105
大きな古時計	ソ	昭 37	
おおブレネリ	ソ	ー	
おお牧場はみどり	ド	昭 31	
オー・シャンゼリゼ	ラ	ー	
オー・ソレ・ミオ	ソ	ー	
オールド・ブラック・ジョー	ソ	ー	
丘を越えて	シ	昭 6	106
贈る言葉	ソ	昭 54	
お座敷小唄	シ	昭 39	
おさななじみ	ソ	昭 38	

曲名	歌い出し	年代	楽譜頁
お猿のかごや	ラ	昭 13	
おしくらまんじゅう	ラ	ー	
お正月	ソ	明 34	
おつかいありさん	ソ	昭 25	107
男の純情	ソ	昭 11	
お富さん	ソ	昭 29	
おはぎの歌	レ	ー	
おべんとうばこ	ラ	ー	
おぼろ月夜	シ	大 3	108
お祭りマンボ	ラ	昭 27	
おもちゃのチャチャチャ	ド	昭 37	
おもちゃのマーチ	ド	大 12	27
【か】かあさんの歌	ソ	昭 31	
かえるの合唱	ド	ー	109
案山子	ド	明 44	110
学生時代	ラ	昭 39	
影を慕いて	ラ	昭 7	
かごめかごめ	レ	ー	36
霞か雲か	ソ	明 16	
肩たたき	ド	大 12	34
かたつむり	ソ	明 44	43
カチューシャ	ド	昭 30	111
カチューシャの唄	ソ	大 3	
かぼちゃのたね	ラ	ー	
鎌倉	ファ	明 43	
かもめの水兵さん	ソ	昭 12	
から傘	レ	ー	65
枯葉	ラ	昭 21	
川の流れのように	ソ	平元	112
勘太郎月夜唄	ミ	昭 18	
【き】祇園小唄	ソ	昭 5	
紀元二千六百年	レ	昭 14	
紀元節	レ	明 21	
汽車	ド	明 45	33
汽車ポッポ	ソ	昭 20	114

曲名	歌い出し	年代	楽譜頁
木曾節	ラ	ー	
北上夜曲	ラ	昭 36	
北国の春	シ	昭 52	115
北の宿から	シ	昭 50	116
希望	ラ	昭 44	
君が代	ラ	明 13	
君恋し	ラ	昭 3	117
君といつまでも	シ	昭 40	
君をのせて	レ	昭 61	
今日の日はさようなら	ソ	昭 41	
きよしこの夜	レ	ー	
きらきら星	ド	ー	118
きらめく星座	レ	昭 15	
金魚のひるね	ド	大 8	
銀座カンカン娘	ラ	昭 24	73
銀座の恋の物語	ファ	昭 36	
金太郎	ド	明 33	40
【く】くつが鳴る	ド	大 8	119
グッドバイ	ソ	昭 9	
クラリネットをこわしちゃった	ド	ー	
グリーン・グリーン	ソ	ー	
黒田節	ラ	ー	
軍艦行進曲	ソ	明 30	
【こ】こいのぼり	ミ	昭 6	74
鯉のぼり	ド	大 2	
高原列車は行く	レ	昭 29	71
高校三年生	レ	昭 38	
荒城の月	ミ	明 34	120
黄金虫	ド	大 12	41
故郷の空	ソ	明 21	
故郷の廃家	レ	明 40	
故郷の人々	ミ	明 21	
故郷を離るる歌	ソ	大 2	
ここに幸あり	ソ	昭 31	121
小雨の丘	ミ	昭 15	

曲名	歌い出し	年代	楽譜頁
子鹿のバンビ	ソ	昭 26	
国境の町	ミ	昭 9	
こどもとこどもがけんかして	レ	ー	44
ことりのうた	ド	昭 30	122
この広い野原いっぱい	ド	昭 42	
この道	ソ	昭 2	
湖畔の宿	ラ	昭 15	123
金色夜叉	ラ	大 7	
こんにちは	ド	平 23	20
こんにちは赤ちゃん	ド	昭 38	
金比羅船々	ソ	ー	
ごんべさんのあかちゃん	ド	ー	
【さ】サーカスの唄	ミ	昭 8	
さくら貝の歌	ラ	昭 24	
さくらさくら	ラ	明 21	
酒は涙か溜息か	ミ	昭 6	
サザエさん	ソ	昭 44	124
サッちゃん	ド	昭 34	35
里の秋	ソ	昭 20	
寒い朝	ラ	昭 37	
さようなら	ミ	ー	
山賊の歌	ソ	昭 43	60
サンタ・ルチア	レ	ー	125
サン・トワ・マミー	ソ	昭 41	
三百六十五歩のマーチ	ド	昭 43	
さんぽ	ミ	昭 63	
【し】幸せなら手をたたこう	ド	昭 39	126
叱られて	ラ	大 9	
四季の歌	ミ	昭 47	127
しずかな湖畔	ド	ー	128
信濃の国	ド	明 32	
支那の夜	ミ	昭 13	
シャベルでホイ	ソ	昭 28	129
シャボン玉	ソ	大 12	25
上海帰りのリル	シ	昭 26	

曲名	歌い出し	年代	楽譜頁
十五夜お月さん	レ	大 9	
酋長の娘	シ	昭 5	
城ヶ島の雨	ミ	大 2	
証城寺の狸囃子	ソ	大 13	
情熱の花	ラ	ー	
知りたくないの	レ	昭 40	
知床旅情	ソ	昭 35	130
白い花の咲く頃	ミ	昭 25	
ジングル・ベル	ド	ー	
人生劇場	シ♭	昭 13	131
人生の並木路	ミ	昭 12	
新雪	ラ	昭 17	
【す】ずいずいずっころばし	レ	ー	
スキー	レ	昭 17	
鈴懸の径	ラ	昭 17	
すずめのおやど	ミ	ー	
雀の学校	ド	大 10	
素敵な今日の日	ソ	ー	
砂山	ファ	大 11	
すみれの花咲く頃	シ	昭 5	
【せ】背くらべ	ド	大 8	
聖者の行進	ド	ー	
世界の国からこんにちは	シ	昭 45	
世界は二人のために	シ	昭 42	
瀬戸の花嫁	シ	昭 47	
せんせい	ド	昭 47	
船頭小唄	ラ	大 10	
船頭さん	ミ	昭 16	32
千の風になって	ソ	平 18	
戦友	ド	明 38	
線路は続くよどこまでも	ド	昭 37	
【そ】ぞうさん	ド	昭 27	37
早春賦	ソ	大 2	132
蘇州夜曲	レ	昭 15	133
ソーラン節	ソ	ー	134

曲名	歌い出し	年代	楽譜頁
【た】大こくさま	レ	明38	135
たき火	ソ	昭16	
たこのうた	ソ	明43	24
たなばたさま	ソ	昭16	70
煙草屋の娘	ミ	昭12	
旅笠道中	ミ	昭10	
旅姿三人男	シ	昭14	
旅の夜風（愛染かつら）	レ	昭13	136
誰か故郷を想わざる	シ	昭15	
たわらはごろごろ	レ	大14	
炭坑節	ラ	ー	137
【ち】ちいさい秋みつけた	ミ	昭30	
茶壷	ラ	ー	
茶摘	ド	明45	
チューリップ	ド	昭7	41
ちょうちょう	ソ	明14	138
【つ】津軽海峡冬景色	レ	昭52	
つき	ソ	明43	40
月がとっても青いから	ソ	昭30	
月の沙漠	ド	大12	
翼をください	シ	昭46	
【て】デカンショ節	ソ	ー	
鉄道唱歌	ド	明33	
手のひらを太陽に	ド	昭40	
出船	ラ	大11	
てるてる坊主	ラ	大10	
電車ごっこ	ソ	昭7	
【と】同期の桜	ソ	昭19	
東京音頭	ミ	昭8	139
東京キッド	ソ	昭25	
東京行進曲	ラ	昭4	
東京の花売り娘	ソ	昭21	
東京ラプソディ	ラ	昭11	140
遠くへ行きたい	ラ	昭37	
通りゃんせ	ミ	ー	

曲名	歌い出し	年代	楽譜頁
とけいのうた	ソ	昭28	
どこかで春が	ド	大12	
どじょっこふなっこ	ソ	ー	
隣組	ソ	昭15	
ともしび	ラ	昭30	
ともだちのカノン	ソ	昭52	89
ドレミの歌	ド	昭36	67
トロイカ	ミ	昭30	141
とんがり帽子（鐘の鳴る丘）	シ	昭22	142
どんぐりころころ〔楽器〕	ソ	大10	77
どんぐりころころ〔体操〕	ソ	大10	31
【な】長崎の鐘	ソ	昭24	
長崎は今日も雨だった	ド	昭44	
長崎物語	ラ	昭14	
仲よし小道	ミ	昭14	26
啼くな小鳩よ	レ	昭22	
夏の思い出	ミ	昭24	143
夏は来ぬ	レ	明29	144
七つの子	ミ	大10	145
並木の雨	ミ	昭9	
南国土佐を後にして	ミ	昭34	
【に】庭の千草	ド	明17	
【の】ノーエ節	ミ	ー	
野崎小唄	ミ	昭10	
野ばら〔ウェルナー作曲〕	ミ	ー	146
野薔薇〔シューベルト作曲〕	ミ	ー	
【は】箱根八里	ソ	明34	
鳩	ド	明44	41
花	ド	明33	147
はないちもんめ	ラ	ー	
花かげ	ラ	昭6	
花笠音頭	ラ	ー	
花言葉の唄	レ	昭11	
はなさかじじい	ソ	明34	47
花の街	ソ	昭22	

曲名	歌い出し	年代	楽譜頁
花火	ソ	昭 16	
花嫁人形	レ	大 12	
埴生の宿	ド	明 22	
波浮の港	ミ	昭 3	
浜千鳥	ド	大 9	
浜辺の歌	ソ	大 7	149
バラが咲いた	ド	昭 41	150
パリの屋根の下	シ	昭 6	
春が来た	レ	明 43	72
春風	ソ	―	
春の唄	ソ	昭 12	
春の小川	ミ	大元	
春よ来い	ラ	大 12	
ハローハロー	ド	―	21
【ひ】日の丸の旗	ド	明 44	
ひらいたひらいた	ミ	―	46
琵琶湖周航の歌	ソ	大 8	152
【ふ】ふじの山	ソ	明 43	153
二人は若い	ソ	昭 10	154
フニクリ・フニクラ	レ	―	
冬景色	ド	大 2	155
冬の星座	ド	昭 22	
冬の夜	ド	明 45	156
故郷	ド	大 3	157
ブンガワン・ソロ	レ	昭 22	
ぶんぶんぶん	ソ	昭 22	158
【へ】ベサメ・ムーチョ	ラ	―	
ペチカ	シ	大 14	
【ほ】星影のワルツ	ド	昭 41	75
星の流れに	ド	昭 22	
星の界	ソ	明 43	
星は何でも知っている	ラ	昭 33	
菩提樹	ソ	―	
蛍	ラ	昭 7	
ほたるこい	レ	昭 16	159

曲名	歌い出し	年代	楽譜頁
蛍の光	ソ	明 14	
【ま】牧場の朝	レ	昭 7	
真白き富士の嶺	ソ	明 43	
まつぼっくり	ソ	昭 11	
鞠と殿様	シ	昭 4	
【み】見上げてごらん夜の星を	ソ	昭 37	
みかんの花咲く丘	レ	昭 21	
水色のワルツ	ラ	昭 25	
水戸黄門主題歌	ソ	昭 44	
みなと	ソ	明 29	160
港が見える丘	ミ	昭 22	161
港町十三番地	ソ	昭 32	
南から南から	ラ	昭 17	
南の花嫁さん	ソ	昭 17	
【む】麦と兵隊	ド	昭 13	
虫のこえ	ソ	明 43	
むすんでひらいて	ミ	明 14	
村の鍛冶屋	ミ	大元	
村祭	ソ	明 45	39
【め】めだかの学校	ド	昭 26	162
メリーさんのひつじ	ミ	―	38
【も】紅葉	ミ	明 44	163
もみの木	ラ	―	
桃太郎	ソ	明 44	
森のくまさん	ソ	―	
森の小人	ミ	昭 22	
森の小径	シ	昭 15	
森の水車	ド	昭 16	164
森へ行きましょう	ド	昭 30	
【や】やさいのマーチ	ド	―	
椰子の実	ソ	昭 11	165
山男の歌	シ	昭 37	
山火事	ド	―	62
山小舎の灯	ミ	昭 22	
山寺の和尚さん	ミ	―	

曲名	歌い出し	年代	楽譜頁
山の音楽家	ソ	昭 39	166
山のロザリア	ソ	昭 36	
柔	ド	昭 39	
【ゆ】夕日	ソ	大 10	29
夕焼け小焼け	レ	大 12	
有楽町で逢いましょう	ソ	昭 32	167
雪	ソ	明 44	168
雪の降る街を	ド	昭 26	
雪山讃歌	レ	昭 3	
湯島の白梅	ド	昭 17	
湯の町エレジー	ミ	昭 23	
夢路より	ソ	―	
ゆりかごの歌	ソ	大 10	
【よ】夜明けのうた	レ	昭 39	
宵待草	シ	大 7	169
夜が明けた	ド	―	
喜びの歌	ミ	―	170
喜びも悲しみも幾歳月	レ	昭 32	
【ら】ラ・クカラーチャ	ソ	―	
ラバウル小唄	ソ	昭 19	
【り】旅愁	ソ	明 40	171
リンゴ追分	ド	昭 27	
リンゴの唄	ミ	昭 21	172
リンゴのひとりごと	ラ	昭 14	
【ろ】露営のうた	ミ	昭 12	
ローレライ	レ	明 42	
ロンドン橋	ソ	―	
【わ】若葉	ソ	昭 17	
若者たち	ソ	昭 41	
別れても好きな人	ソ	昭 54	
別れのブルース	ミ	昭 12	174
若鷲の歌	ラ	昭 18	
わたしの城下町	ソ	昭 46	
われは海の子	ド	明 43	175

民謡、わらべうた、替え歌、外国の曲の中で、年代の特定できないものは記載していません。

著者紹介

特定非営利活動法人　高齢者の音楽を考える会（略称　KOKOの会）
理事長　庵《い》原《はら》 えい子
川田 礼子　/　馬場 尊子　/　石田 圭子

平成15年4月、高齢者の方々の心と体の健康を維持するため「質の良い・楽しい音楽」を
提供することを目的にNPOを設立。
以来武蔵野市を中心に高齢者施設での音楽活動指導や高齢者のためのコンサート
音楽療法講座の開催、音楽ボランティアの育成、講演活動など精力的に活動中。

〈実践施設〉
財団法人　武蔵野市福祉公社　武蔵野市立北町高齢者センター
社会医療法人　河北医療財団　介護老人保健施設　シーダ・ウォーク
社会福祉法人　親の家
社会福祉法人　至誠学舎東京　特別養護老人ホーム　吉祥寺ナーシングホーム
社会福祉法人　至誠学舎東京　緑寿園
社会福祉法人　正寛会　特別養護老人ホーム　ケアコート武蔵野
社会福祉法人　東京弘済園　岡田さんち
社会福祉法人　奉優会　港区立白金いきいきプラザ
特定非営利活動法人　新しいホームをつくる会　グループホーム永福
武蔵野市住宅対策課　福祉型住宅
（アーバン武蔵野　/　グランドハイツ　/　武蔵野清岳苑　/　シティハウス吉祥寺　/
クレベール　/　ルミエール　/　シュロス武蔵野　/　エルベセッタ田家　/
シルバーピア八幡町［都営］　/　シルバーピア緑町［都営］）
介護付有料老人ホーム　アズハイム光が丘
介護付有料老人ホーム　アロース井の頭
介護付有料老人ホーム　Sアミーユ柳沢
介護付有料老人ホーム　フェリエドゥ三鷹

〈主催事業〉
音楽療法講座
音楽ボランティア育成講座
高齢者施設でのコンサート

〈その他活動〉
武蔵野市教育委員会　いきいきセミナー　講師
特定非営利活動法人　武蔵野すこやか　講師

〈協力〉
(株)大石衣裳店　大石 仁　/　沖島工業(株)　沖島 祥介　/　(株)K2・ホーム　村田 佳衛　/
総合物流企画(株)　中村 悟　/　竹内運輸工業(株)　竹内 政司　/　東京体育機器(株)　海老根 實　/
(株)日高ネオン　梅根 憲生　/　(株)ヨコセ薬局　/　(株)リベスト　荒井 伸吉　/
武蔵野市　ブラン・ポゼ　/　武蔵野市　華　/　国立市　カフェ・ド・ブラン　/　阿部 芳勝　/
大谷 浩信　/　岡田 正子　/　菅原 攻　/　八陣 慶子　（敬称略）

高齢者音楽療法プログラム
歌って元気、心とからだ
定価（本体2,000円+税）

編　著　者 ―――― 特定非営利活動法人　高齢者の音楽を考える会
表紙・本文イラスト ―――― 小嶋佳那（こじまかな）
発　行　日 ―――― 2012年11月30日 初版発行
発　行　者 ―――― 2018年 9月30日 第3刷
発　行　所 ―――― 山下　浩
株式会社ドレミ楽譜出版社
〒171-0033　東京都豊島区高田3-10-10 4F
営業部　Tel 03-5291-1645 / Fax 03-5291-1646
編集部　Tel 03-3988-6451 / Fax 03-3988-8685
ホームページURL　http://www.doremi.co.jp/
ISBN 978-4-285-13524-4　JASRAC出1213825-803
（許諾番号の対象は、当該出版物中、当協会が許諾できる著作物に限られます。）